tredition®
www.tredition.de

AF196292

Gerhard Hänggi

Kompetenz führt zum Erfolg

Essays über Kompetenzen
und ihre Entwicklung über alle Lebensabschnitte

Verlag und Druck: tredition GmbH, Hamburg

ISBN
Paperback: 978-3-7482-3337-4
e-Book: 978-3-7482-3338-1

INHALTSVERZEICHNIS

EINLEITUNG

Kompetenzen – also die Kombination von personalen, fachlichen, methodischen und sozialen Fähigkeiten und Fertigkeiten sind menschliche Ausprägungen, die sich während eines ganzen Lebens verändern. Stetig durch Situationen verändert werden, die jeder Mensch meistern muss. Die Kompetenzentwicklung beginnt mit dem ersten Lebenstag und ist erst mit dem Ableben definitiv abgeschlossen.

Der Autor hat sich über 40 Jahre mit der Entstehung von Kompetenzen, deren Entwicklung im Privat- und Berufsleben befasst und aus Tausenden von Kompetenzevaluationen die Kompetenzen in Kategorien gegliedert. Seine Forschungsarbeit fand schliesslich Eingang in ein Softwareprogramm namens COMPRO+, das bis heute <state of the art> Status geniesst und tausenden von Menschen eine Art Kompass ist, mit dem sie sich erfolgreich durch das Privat- und Berufsleben navigieren.

Die in diesem Buch aufgeführten Kapitel führen den Leser durch die interessante Welt der Kompetenzen, die jeder Mensch an sich und an anderen täglich wahrnimmt.

Wer mehr über seine persönlichen Kompetenzausprägungen erfahren möchte, hat die Möglichkeit, sich über die verschiedenen, in diesem Buch enthaltenen Kriterienlisten zu informieren. .

KAPITEL 1

Kompetenzentwicklung im Kindesalter

Bausteine zur Förderung der Kompetenzen in der Kinder- und Jugendarbeit:

A. Die am Erziehungsprozess Beteiligten müssen wissen, wann und wie sie zur Kompetenzentwicklung von Kindern und Jugendlichen beitragen können

B. Die menschlichen Kompetenzen entwickeln sich aus der Kindheit heraus in allen Lebensabschnitten

C. Die Kenntnis der Kompetenzstruktur soll neue Impulse für die Kinder- und Jugendarbeit geben

D. Die Erkenntnis, dass der Grossteil des Lebenserfolgs vom Einsatz der Kompetenzen abhängt, bringt ein neues Verständnis für deren gezielte Entwicklung

Wer sich frühzeitig mit Kompetenzformung befasst, führt heranwachsende Menschen zu grösserem Lebenserfolg.

Weit gefehlt, wer bei dieser Aussage glaubt, sie wäre übertrieben. Die Anamnese von über 200 Lebensläufen von Menschen in den verschiedensten Lebensabschnitten und privaten und beruflichen Engagements zeigt ein klare Bild, das sich aus folgenden Bausteinen zusammen setzt:

- Kompetenzen, die nicht in der frühen Kindheit entwickelt wurden, bleiben über das ganze Leben unterentwickelt (defizitär)
- Kompetenzen, die frühzeitig sorgfältig entwickelt wurden, bleibt die Weiterentwicklung durch alle Lebensphasen erhalten
- Kompetenzen, die systematisch in kleinen Schritten entwickelt wurden, werden mit grösserer Sicherheit in die Waagschale geworfen, wenn es darum geht, sich in gewissen Lebenssituationen zu behaupten
- Bei Menschen mit gut ausgeprägten Kompetenzpotenzialen sind die Erfolgsfaktoren für die Lebensgestaltung erheblich besser ausgeprägt
- Menschen mit guter Kompetenzausprägung sind initiativer und wagemutiger was ihre Lebensgestaltung angeht
- Gute Kompetenzausprägung begünstigt auch jene Menschen bei deren Zielerreichung
- Menschen, die über ein gutes Kompetenzpotenzial verfügen, haben mehr vom Leben und machen auch mehr aus ihrem Leben

Gründe genug, um sich ernsthaft mit Kompetenzen und deren Entwicklungsmöglichkeiten zu befassen und einige Begriffe vorweg zu klären.

Kompetenz

Unter Kompetenz versteht man die Summe aller Fähigkeiten, Fertigkeiten und Verhaltensweisen, die einen Menschen entscheidungs- und handlungsfähig machen. Wissen, Können und Wollen bilden also die Grundlagen, auf denen jeder Mensch sich kontinuierlich entwickelt.

Kompetenzpotenzial

Das Kompetenzpotenzial ist die Summe aller gemessenen oder eingeschätzten Kompetenzen über die ein Mensch verfügt. Wenn der Mensch seine Kompetenzpotenziale nicht kennt, kann er sie auch nicht bewusst nutzen.

Kompetenzprofil

Das Kompetenzprofil definiert die für die Ausübung einer Funktion erwünschten oder notwendigen Kompetenzen. Kompetenzprofile werden vielfach in Stellenanzeigen formuliert und aus Arbeitszeugnissen interpretiert.

Kompetenzstruktur

Mit einer Kompetenzstruktur wird versucht, die verschiedenen Kompetenzen zu katalogisieren oder in eine plausible Struktur einzuordnen. Als Grundlage geht man von der Gliederung der Kompetenzen in Fähigkeiten oder Wissen, Fertigkeiten oder Können sowie Verhaltensweisen aus. Auf die Strukturierung der Kompetenzen nach neuesten Erkenntnissen soll etwas ausführlicher eingegangen werden.

Die Kompetenzkategorien in der Übersicht

Nach Stand der Wissenschaft lassen sich die verschiedenen Kompetenzen in folgendes Raster einfügen:

Personale Kompetenz	**Fachkompetenz**
Charaktereigenschaften	Denkpräferenzen
Handlungsqualitäten	Kommunikation
Innovationspotenzial	Grundkenntnisse
Eigenverantwortlichkeit	Fach-/Spezialkenntnisse

Methodenkompetenz	**Soziale Kompetenz**
Denkmethodik	Interessenpräferenzen
Kommunikationstechniken	Kommunikationsverhalten
Grundfertigkeiten	Arbeitsverhalten
Fach- / Spezialfertigkeiten	Führungsverhalten

Grundsätzlich ist auch bekannt, dass sich die einzelnen Kompetenzgruppen nicht voneinander losgelöst entwickeln, sondern überlappend und sich gegenseitig unterstützend.

Welche Kompetenzen sich wann und wie entwickeln, wird 2. bis 5. erläutert. Zuvor soll erklärt werden, was Kompetenzen sind und wozu sie befähigen.

Was Kompetenzen sind und wozu sie Menschen befähigen

Beispiele:

Kind 1: Dieses Kind trifft mit anderen gleichaltrigen in der Spielgruppe zusammen. Es wird von allen gut aufgenommen und beteiligt sich aktiv an den Spielen in der Gruppe.

Kind 2: Dieses Kind trifft ebenfalls mit gleichaltrigen in einer Spielgruppe zusammen. Es wird aber von den anderen Kindern kaum berücksichtigt und auch nicht aktiv an den Spielen beteiligt. Es bleibt ein Kind ohne guten Kontakt zur Gruppe.

Die unterschiedliche Aufnahme der beiden Kinder ist das Ergebnis zweier sehr unterschiedlicher Kompetenzstrukturen, deren Raster seit Geburt sich diametral entwickelt hat. Haben sich beim Kind 1 die Kompetenzen im personalen und sozialen Bereich altersgerecht entwickelt, sind in eben denselben Kompetenzkategorien erhebliche Entwicklungsmängel die Ursache für die Ablehnung des

Kindes in der Gruppe. Um diese unerfreuliche Situation beim Kind 2 zu klären, kann einzig ein Gespräch mit den Eltern die notwendigen Aufschlüsse gebn. Insbesondere geht es bei diesem Gespräch um die Klärung einiger Fragen, die in der Checkliste zusammengefasst sind.

Diese 9 Fragen könnten noch durch weitere ergänzt werden. Sie sind aber bereits ausreichend, um eine ziemlich schlüssige Beurteilung der Chancen einer homogenen Entwicklung der Kompetenzen eines Kindes abzuschätzen. Müssen Fragen aus der Checkliste mehrheitlich mit „unterdurchschnittlich" beantwortet werden, darf davon ausgegangen werden, dass die Kompetenzentwicklung mehr oder weniger stark beeinträchtigt wird.

Einem Irrtum kann an dieser Stelle bereits widersprochen werden: die Kitas, Vorschule, Schule und Fachhochschule oder Universität können auf einen grossen Teil der personalen und sozialen Kompetenzen gar nicht einwirken. Den Wurf in die Welt und das Zurechtfinden in dieser Welt erfolgt immer über die engsten Bezugspersonen – und das sind nun eben die Eltern und ggf. noch die Grosseltern. In der Familie wird die emotionale Bindung an das, dem Kind nächststehenden Umfeld entwickelt.

Checkliste: Klärung der Ursachen für eine gestörte Kompetenzentwicklung

1. Wie ist die Geburt des Kindes verlaufen?
2. Wie wurde das Kind von den Eltern nach der Geburt umsorgt?
3. Wie viel Zeit und Zuwendung hat das Kind im ersten Lebensjahr erfahren?
4. Ist das Kind von anderen Personen als den Eltern in den ersten 3 Jahren betreut worden?
5. Wurde das Kind vom 2. Lebensjahr an am Familiengeschehen aktiv beteiligt?
6. Hatte das Kind in den ersten drei Lebensjahren genügend Möglichkeiten zum Basteln?
7. Wurde das Kind durch Erzählungen zum Zuhören und Sprechen ermuntert. Etwa durch Erzählen von Geschichten und Märchen?
8. Konnte das Kind mit etwa gleichaltrigen Kindern bereits vom dritten Lebensjahr an spielen oder wurde es von anderen Kindern eher fern gehalten?
9. Wurde das Kind wegen seiner Herkunft oder Muttersprache von anderen eher gemieden?

Eltern müssen wissen, dass es für sie keinen vollständigen sozialen Ersatz gibt. Kinder, die ihre ersten Jahre in ausserfamiliären Verhältnissen ohne professionelle Betreuung verbringen müssen, weisen bezüglich der Entwicklung bestimmter Schlüsselkompetenzen erhebliche Defizite auf. Kinder sind aber die Zukunft jeder Gesellschaft und folglich ist die Gesellschaft das Abbild ihrer Kinder. Je umfassender und homogener die Kompetenzen der Kinder entwickelt wurden, desto besser steht es um die Zukunft jeder Gesellschaft – Grund genug, sich mit der Kompetenzentwicklung der Kinder und Jugendlichen intensiver zu befassen.

Die Kompetenzentwicklung in der Kleinkindphase

Pränatales Stadium

Bereits im pränatalen Stadium entwickeln sich im ungeborenen Kind erste Wahrnehmungen, die teils biologisch-chemischer, teils orthogonaler Wahrnehmungsart sind. Der heranwachsende menschliche Organismus reagiert auf lebensbehindernde, wachstumshemmende und lebensbedrohende Situationen, etwa auf die Wahrnehmung folgender Umstände:

- Nikotin bei schwangeren Frauen, die starke Raucherinnen sind Alkohol bei starken Trinkerinnen
- Pharmazeutika bei Schwangeren, die übermässig zu Medikamenten greifen
- Reaktionen auf psychische Stress-Situationen der werdenden Mutter
- Wachstumsbeeinträchtigungen durch übermässiges Sporttreiben
- Beeinträchtigungen biologischer und psychischer Art durch langanhaltenden Lärm
- Versorgungsmangel durch unausgewogene Ernährung
- Wachstumsstörungen durch psychisch angeschlagene Frauen, die unter Stress stehen

Kompetenzentwicklung

Prinzipiell wird während der gesamten pränatalen Phase die organische Grundlage gelegt, die dem geborenen Menschen ermöglicht, Körper, Geist und Seele in einem ausgewogenen Verhältnis wachsen zu lassen.

Die ersten 14 Monate auf dieser Welt

Diese ersten Monate verbringt das Kleinkind im Liegen und im Krabbeln. Im Liegen nimmt das Kind alles um sich herum in einer Sichtperspektive wahr, welche alle Gegenstände mehr oder weniger verzerrt erscheinen lassen. Erwachsene, die sich über ein Kind beugen, hinterlassen dämonenhafte Eindrücke, lösen oft Furcht und Angst aus. In manchen Kinderzeichnungen werden solche unverarbeiteten Erlebnisse durch die gezeichneten Riesenköpfe und bulligen Augen sowie die kurzen Körper und Extremitäten wieder wach.

Bei aller eingeschränkter Beweglichkeit entwickeln sich dennoch die senso-motorischen Fähigkeiten und die Sinnesorgane, mit deren Hilfe sich später alle Kompetenzen entwickeln lassen.

Bereits in diesen Monaten können Eltern und Kleinkinderbetreuende die Entwicklung durch folgende Massnahmen unterstützen:

- Zärtliches Streicheln über den Körper nach dem Baden (z.B. beim Eincremen) und vor dem Wickeln. Dadurch wird das Nervensystem aktiviert und die Zärtlichkeit signalisiert empfindsame Fürsorge.
- Tragen des Babys nach der Nahrungsverabreichung. Die elterliche Körperwärme und das leise Sprechen mit dem Baby bestätigt ihm die Fürsorge und verleiht ihm Sicherheit.
- Das Baby nicht in verdunkelten Räumen schlafen legen. Je nach Veranlagung verhalten sich Babys ruhiger oder unruhiger, schlafen die Nacht durch oder sind mehrmals in der Nacht echte Ruhestörer. Beide Typen entwickeln sich zu wunderbaren Menschen, wenn sie nicht durch Sanktionen (wie etwa Aussperren oder Zuführen übermässiger Nahrung) bestraft werden, nur weil die Eltern ihre Ruhe haben

wollen. Das einzige, was man in solchen Situationen kann, ist sich bei der Betreuung abwechseln.

- Babys können bereits am Sprachton hören, in welchem Verhältnis Eltern zueinanderstehen. Schreien sie sich gegenseitig an, wird das Baby verunsichert.
- Babys können bereits ab 6. Monat nach Gegenständen greifen und sie kurze Zeit halten. Sie können Farben unterscheiden. Das „Begreifen“ ist noch im senso-motorischen Sinne.
- Vom 12. – 14. Monat an versucht das Kleinkind mit unermüdlichem Anlauf und vielen Fehlversuchen aufrecht gehen und erste Worte sprechen zu können. Das Gehirn hat sich soweit konfiguriert, dass das Erinnerungsvermögen aktiviert wird. Zu diesem Zeitpunkt ist es möglich, gehörte Worte wie Mama, Papa, Oma oder Opa zu speichern und nach zu sprechen.

In den ersten 14 Monaten werden die Sinnesorgane soweit funktionsfähigt entwickelt, dass sie die nächsten Entwicklungsschritte in den folgenden 2 Jahren bestehen können. Das Kompetenzprofil lässt sich wie folgt darstellen:

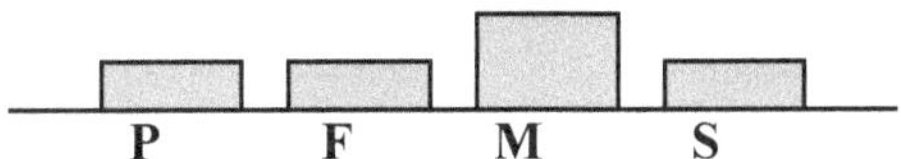

Legende: P = Personale Kompetenz, F = Fachkompetenz, M = Methodenkompetenz, S = Sozialkompetenz

Die Entwicklung der senso-motorischen Fähigkeiten dominiert in der Methodenkompetenz durch die Aktivitäten: Halten, Greifen, Krabbeln. Für die anderen Kompetenzkategorien formieren, entwickeln und stabilisieren sich die verschiedenen Hirnfunktionen.

Die zeitliche Abgrenzung von 14 Monaten unterliegt einer Toleranzschwelle von +/- 2 – 3 Monaten.

Kompetenzentwicklung bis zum 3 Lebensjahr

Ist die Entwicklung in den ersten 14 Monaten gut verlaufen, kann das Kleinkind ziemlich gut aufrecht gehen, nimmt also die Umgebung in der Perspektive noch mit vermehrter Sicht zum Boden wahr, wodurch das Gehen sicherer wird.

In den folgenden 22 Monaten entwickeln sich eine ganze Reihe von Kompetenzen, je nach Intensität eines Entwicklungsprogrammes, das dem Kleinkind angeboten wird. In dieser Entwicklungsphase sind berufstätige Eltern in der Regel überfordert, denn sie können tagsüber kein systematisches und kontrolliertes Programm gewährleisten.

Hier beginnt die grosse und bedeutende Aufgabe der Kitas. Sie haben die Möglichkeit, Kleinkindern die Faszination des Entdeckens ihrer Fähigkeiten zu vermitteln. Sie legen damit den Grundstein für die Kompetenzen

- Selbstvertrauen (ich kann das, denn ich habe es auch schon gekonnt)
- Selbstsicherheit (ich weiss, dass ich das kann, bin ich noch unsicher, versuche ich es)
- Mut (Ich traue mir das zu, weil meine Eltern und Betreuer es mir auch zutrauen)
- Kreatives Denken (Vorstellungsvermögen, Fantasie)
- Sprachliche Ausdrucksfähigkeit (Ich kann Gedanken in Sätzen fassen und verständlich sprechen)
- Fähigkeit mit anderen zu spielen (Ich lerne zu gewinnen oder zu verlieren)

- Fähigkeit, andere Kinder zu akzeptieren, mit ihnenn zu teilen
- Kommunikationsfähigkeit (Ich beginne mich anderen mitzuteilen)
- Lernfähigkeit
- Konzentrationsfähigkeit (wenn auch nur über kurze Zeit)
- Fähigkeit, zu zählen und mit der Zeit umgehen zu können

Unglaublich, wenn man bedenkt, dass die meisten dieser Kompetenzen im Erwachsenenalter Schlüsslekompetenzen sind, die über Erfolg oder Misserfolg ganz entscheidenden Einfluss haben.

Themen bezogene Übungen sind zum Beispiel

A	Geschichten erzählen	Die Bärenfamilie nacherzählen lassen
B	Zeichnen und Malen	Vorlage ausmalen Bär zeichnen lassen
C	Basteln	aus Vorlagen kleben selbst ausschneiden
D	Spazieren gehen	in den Zoo oder Tier park mit Eltern
E	Turnen	„Bärenübungen" Tanzbär spielen
F	Spielen	Bärenfamilie spielen zu Hause nachspielen
G	Erzählen	Bärengeschichte er- zählen zu Hause nacherzählen
H	Essen	Bärenmahlzeit zu Hause nachahmen

Kompetenzen in Entwicklungsprogrammen ausbilden

Die o. a. Kompetenzen können in einem spannenden Entwicklungsprogramm sukzessive gefördert werden. Natürlich dominiert der spielerische Ansatz durch die gesamte Programmgestaltung.

Mit derartigen Entwicklungsprogrammen wird das Kleinkind enorm gefördert. Wichtig ist bei der Programmgestaltung, dass man berücksichtigt, dass alle Programmteile in einem Themenbezug stehen sollten und dass die Kinder die Möglichkeit haben, alle Programmteile zu Hause wiederholen zu können. Die einzelnen Kompetenzkategorien entwickeln sich etwa wie folgt:

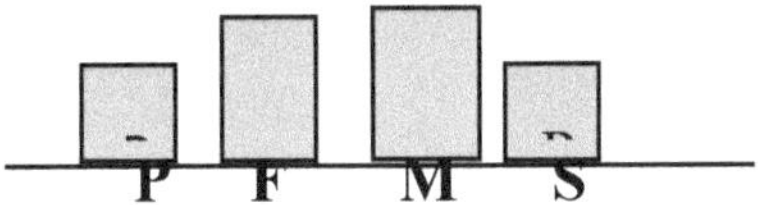

Es ist aus der Darstellung zu erkennen, dass alle Kompetenzkategorien einem Entwicklungsschub unterliegen. Je mehr die kreativen Fähigkeiten gefördert werden, desto grösser ist der Entwicklungssprung in der Fachkompetenz. Die o. a. Programmstruktur berücksichtigt eine möglichst gleichmässige Entwicklung aller Kompetenzkategorien. Damit wird sichergestellt, dass das Kind in allen Fähigkeiten und Fertigkeiten gefördert wird. Die ersten 36 Monate sind für den weiteren Kompetenzausbau ganz entscheidend.

Kompetenzentwicklung bis zum 6. Lebensjahr

In den folgenden 36 Monaten werden die Kompetenzen noch weiter entwickelt und es beginnt die Kompetenzentwicklung einiger Schlüsselkompetenzen aus den Kategorien Fach- und Methodenkompetenz. Die Vorschulerziehung setzt mit der Vermittlung der Lese-, Schreib- und Rechenfähigkeit ein.

Pädagogen sind sich aber nicht einig, ob diese Vermittlung kognitiver Fähigkeiten nicht zu früh erfolgt. Es gbt aber keine Untersuchungen, die Nachteile im Entwicklungsstand des Kindes schlüssig nachweisen könnten. Die Erfahrungen des Autors als Publizist von Kinderbüchern für das Vorschulalter und Animator von Kindernachmittagen auf dem Basler Bücherschiff untermauern eher den unbändigen Willen der meisten, in der kindlichen Frühzeit mit Fürsorge entwickelten Kinder, spielerisch lernen und entdecken zu wollen.

Im Vorschulalter wird das Aufnahmevermögen des Gehirns um ein Vielfaches erweitert. Alle Hirnpartien sind soweit aufnahmebereit, dass das Denken in logischen Folgen möglich ist, und Gedachtes oder Vorgestelltes – also Gedanken in bildliche oder schriftliche Darstellungen transferiert werden können.

Es werden in diesen Jahren die folgenden Kompetenzen zusätzlich entwickelt:

- Grundwissen Schreiben und Lesen
- Grundwissen Zählen und Entwickeln von Grössenverhältnissen
- Grundwissen über einfaches Rechnen (z. B. mit Bauklötzen oder Geldmünzen)
- Basteln und Konstruieren mit Papier, Karton, Holzteilchen oder Modulbaukästen
- Erste Sportaktivitäten in Kindergruppen von Sportvereinen

Die Kompetenzentwicklung schreitet weiterhin zügig voran. Aus der Darstellung geht hervor, dass sich hauptsächlich die Fach- und Methodenkompetenz entwickelt.

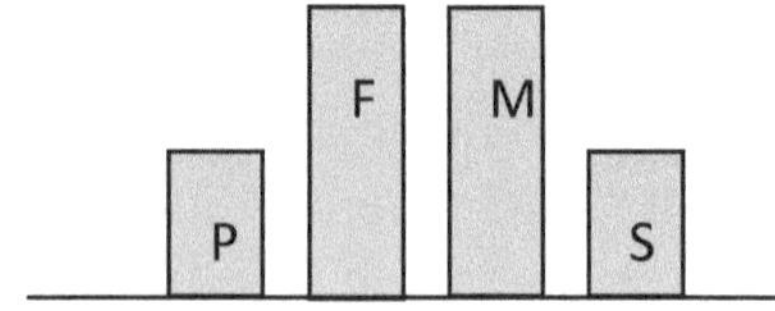

In dieser Vorschulphase ist es besonders wichtig, dass die Lernerfolge beim Kind mit Geduld an-gestrebt werden, denn in dieser Lebensphase entwickelt sich bereits auch das Lust-Unlust-Prinzip. Erwarten Eltern und Betreuer raschere Lernerfolge, als sie ein Kind erbringen kann, dürfen die Erwachsenen keinen Missmut oder Enttäuschung zeigen. Das Kind würde die eben erst gewonnene, noch zerbrechliche Selbstsicherheit sofort verlieren und die Lust am Programm verlieren.

Die Geduld der Erwachsenen gibt dem Kind die notwendige Zeit und das Selbstvertrauen, es zu schaffen. An dieser Stelle muss auch erwähnt werden, dass die Konzentrationsfähigkeit erst über ca. 8 – 12 Minuten anhält. Dementsprechend sollte das Programm in Zyklen von 15 Minuten gegliedert werden. Viele Erwachsene sind sich nicht bewusst, dass selbst ihre Konzentrationsfähigkeit höchstens über die doppelte Zeit, also max. 24 Minuten, anhält.

Wie sich Kompetenzen im Vor- und Grundschulalter entwickeln

Im Grundschulalter werden die Schlüsselkompetenzen der Fach- und Methodenkompetenz weiterentwickelt. Der Lehrplan sieht vor, dass die Kinder in den 48 oder 60 Monaten dieser Lebensphase mit Wissensstoff versorgt werden, dessen Umfang und Inhalt die einen Kinder langweilen und die anderen überfordern. Der Hauptgrund ist darin zu sehen, dass viele Kinder die Landessprache zu wenig kennen und deshalb sprachliche Schwierigkeiten haben, den Lehrstoff zu verstehen.

Für die Erhaltung einer kontinuierlichen Weiterentwicklung der Kompetenzen bildet die Grundschule derzeit kein optimales Lernumfeld. Mittelfristig ist die Vielsprachigkeit an den Grundschulen ein grosser Hemmschuh gegenüber den Ländern und Kontinenten, in denen nur die Kinder zur Schule gehen können, die sich über einen Sprachtest ausweisen können, dass sie die Sprache verstehen und sprechen, also dem Unterricht ohne grössere Sprachprobleme folgen können.

Die deutschsprachigen Länder Europas tun gut daran, ähnliche Sprachatteste einzuführen, soll der Lehrplan überhaupt noch ohne Niveausenkung eingehalten werden können. Auf dieses Problem wird an diesrer Stelle nur deswegen hingewiesen, weil die Kompetenzentwicklung durch die unglücklichen Umstände stark beeinträchtigt wird.

Folgende Kompetenzen werden im Vorschul- und Grundschulalter (VS / GS) kontinuierlich entwickelt:

Kompetenzkategorie	*Schlüsselkriterium*	*VS*	*GS*
Personale	Zuverlässigkeit	+	++
Kompetenz	Sorgfalt Ideenreichtum Lernbereitschaft		
Fachkompetenz	Kreatives Denken Logisches Denken Ausdrucksfähigkeit Grundwissen Informatikkenntnisse	+	++
Methodenkompetenz	Präsentationsfähigkeit Lern/Arbeitstechniken Systematik	+	++

	Umsetzungsfähigkeit Selbständiges Lernen		
Soziale Kompetenz	Interessenentwicklung Kontaktfreudigkeit Teamfähigkeit Leistungsorientierung	+	++

Legende: + = Entwicklung <50%, ++ = Entwicklung >50%

Die einzelnen Lerninhalte zur Entwicklung der Schlüsselkompetenzen sind, ohne Anspruch auf Vollständigkeit:

Zuverlässigkeit Die Kinder im VS- und GS-Alter adaptieren Aspekte der Zuverlässigkeit ihrer Lehrer und Betreuer, und erwerben ihre eigene Zuverlässigkeit durch Lösen von Aufgaben, Mitbringen von bestimmten Sachmitteln, Mithilfe im Tagesgeschehen.

Sorgfalt Auch die Sorgfalt ist eine Disziplin, die bei verschiedenen Aufgaben besonders betont und auch entsprechend gelobt werden muss. Durch die Rückmeldung fühlt sich das Kind bis ins Jugendalter bestätigt und lernt, dass Sorgfalt beachtet wird und zu Lob führt.

Ideenreichtum Kinder können sehr viel Denkenergie aufbringen und Fantasien entwickeln. Die Vorstellungskraft wird besonders durch Erzählungen trainiert, die selbst mündlich oder in Zeichnungen wiedergegeben oder gespielt werden können.

Lernbereitschaft Es erstaunt immer wieder zu sehen, wie schon kleine Kinder eine fast pausenlose Neugier für noch „Unverständliches“ entwickeln. Diese Offenheit zum Lernen gipfelt schliesslich in der Beantwortung von tausend Fragen. Wird die Neugier zurückgebunden (etwa durch Äusserungen wie „sei jetzt doch mal ruhig“ oder „lass mich jetzt mit dieser Fragerei in Ruhe“, kann die Lernbereitschaft stark beeinträchtigt werden.

Kreatives Denken Das kreative Denken soll sich im Kindesalter kontinuierlich entwickeln können. Bei Kindern, die alles und jedes so machen müssen, wie es Erwachsene tun, verkümmert das kreative Denken ebenso rasch, wie wenn das Kind vor den Fernseher gesetzt wird oder sich stundenlang mit elektronischen Spielen die Zeit vertreiben muss.

Logisches Denken Diese Denkfähigkeit wird beim Lernen von sprachlichen Regelwerken, im Rechen- und Mathematikunterricht besonders entwickelt.

Logisches Denken kann aber auch in Fallbeispielen trainiert werden, z.B. ordnen von Postsendungen nach Strassen und Hausnummern.

Ausdrucksfähigkeit Mit jedem Tag hört das Kind neue Wörter und lernt diese nach zu sprechen, auch wenn es manche Bedeutungen noch gar nicht kennt. Die Ausdrucksfähigkeit wird durch Übungen, z.B. bezeichnen von Abbildungen und Nacherzählen von Kurzgeschichten entwickelt.

Grundwissen Das Grundwissen umfasst all jenes Wissen, das man in den einzelnen Alters- und Schulstufen vermitteln will. So bilden alle Schulfächer das Grundwissen, das später durch das Fach- oder Spezialwissen erweitert und vertieft werden kann.

Informatikkenntnisse Die Informatik beeinflusst unser gesamtes Leben derart umfassend, dass es unbedingt wichtig ist, dass auf jedem Lehrplan in der Grundschule ab 3. Klasse der Informatikunterricht stehen muss. Besonders wichtig ist, dass Kinder lernen, mit dem Medium Internet umzugehen. Da in allen höheren Schulen und in allen Berufen die Informatik zum unverzichtbaren Hilfsmittel geworden ist, sollen Kinder frühzeitig das Grundwissen darüber erhalten.

Präsentationsfähigkeit Kinder lernen vor Gruppen und in der Familie bestimmte Sachverhalte oder Geschichten zu präsentieren. Sie entwickeln dabei theatralische Fähigkeiten und nehmen wahr, ob ihre Vorstellungen bei den Zuhörern „ankommen" oder nicht so sehr interessieren. Bereits in der Grundschule sind Kurzvorträge ein sehr gutes Übungsumfeld.

Lern-/Arbeitstechniken Diese Schlüsselkompetenz entwickelt sich in den ersten Kinderjahren aus dem Zeigen oder Vormachen, wie man etwas lernt oder tut oder wie man mit einem Gegenstand (z.B. Lineal, Messer etc.) richtig und gefahrlos umgeht. In der Grundschule sollte man auch erfahren, wie man am besten lernen kann.

Systematik Eine Kompetenz, die man in der Grundschule kennen lernt und später auch bei der Gliederung der Hausaufgaben trainieren kann.

Umsetzungsfähigkeit Übungen helfen, die Umsetzungsfähigkeit von Wissen beim Lösen von Aufgaben zu trainieren. Bereits das Kleinkind kann z.B. ein Thema erhalten, das es auf einem Zeichenpapier darstellen soll.

Selbständiges Lernen Eigentlich ist diese Kompetenz das Ergebnis der Lust auf Lernen. Selbständiges Lernen wird durch Lob für gute Leistungen als intrinsischer Motivationsfaktor entwickelt.

Interessenentwicklung Je früher zahlreiche Interessensgebiete Kindern nähergebracht werden, desto günstiger wirkt sich dies auf die Allgemeinbildung aus, die später in unserer Gesellschaft eine wichtige Rolle spielt.

Kontaktfreudigkeit Durch die Bildung von Gruppen oder Teams unter Moderation von Betreuern entwickelt sich die Kontaktfreudigkeit bei Kindern fast wie von selbst.

Teamfähigkeit Auch diese Kompetenz entwickelt sich in der Gruppe – Spiel- oder Lerngruppe. Die Schule muss vermehrt das Lernen in kleinen Gruppen fördern und den Menschen nicht zum Egoisten erziehen.

*Leistungsorientierung*Bereits in der Grundschule kann die Leistungsorientierung gefördert werden, z.B. schon dadurch, dass man bei Prüfungen feststellt, wie viele der Aufgaben richtig gelöst wurden - und nicht registriert, wie viele Fehler man gemacht hat.

Konzeptioneller Rahmen der Kompetenzentwicklung

Die Grundschule erhält praktisch in allen europäischen Ländern den Lehrauftrag, ziemlich willkürlich zusammen gesetztes Wissen und sogenannten Grundfächern zu vermitteln. 80% der Wissensvermittlung ist kognitiver Art, also mit Kopfarbeit verbunden. Nur gerade 20% der übrigen Fächer befassen sich mit der körperlichen und seelischen Entwicklung der heranwachsenden jungen Menschen. In verschiedenen Ländern wird seit Jahrzehnten von Bildungsreform gesprochen. Geändert hat sich bislang herzlich wenig und vor allem praktisch nichts, was für das Leben nach der Schule sinnvoll wäre. Es ist wahrscheinlich auch falsch, von Bildungsreform zu sprechen, weil dieser Begriff zur Annahme verführt, es müssten nur Korrekturen an den bisherigen Bildungssystemen vorgenommen werden.

Diese Annahme ist jedoch grundfalsch: Alle Bildungssysteme stammen aus Zeiten, in denen die Welt noch ganz anders ausgesehen hatte. Es gab keine Informatik, die Globalisierung der Wirtschaft war auch kein Thema, der Zusammenschluss von Ländern in Zweckbündnissen war ebenfalls noch Theorie. Heute sind alle diese Aspekte Wirklichkeit und ihr Fortschreiten in unserer Welt nicht aufzuhalten. Dies heisst also nichts anderes, als dass die Bildungssysteme von Grund auf neu konzipiert und in Pilotprojekten geprüft und ggf. modifiziert werden müssen.

Forderungen an ein neues Bildungssystem

Vor dem Hintergrund der Tatsache, dass jedes Bildungssystem als wichtigsten Auftrag hat, die heranwachsenden Menschen mit den Kompetenzen auszurüsten, mit denen sie ihr Leben gestalten können und ihre Lebensexistenz durch die Arbeitsmarktfähigkeit aus eigener Kraft bestreiten können, müssen die Lehrinhalte neu zusammen gestellt werden.

In der Grundschule werden zu Schlüsselfächern:

	Wochenstd.
Deutsch (als Muttersprache, für Ausländer 1. Fremdsprache)	5
Englisch (als 1. Fremdsprache, für Ausländer 2. Fremdsprache)	5
Mathematik und Informatik (Basis Grundschule)	5
Naturwissenschaften (Biologie, Chemie, Physik)	3
Lebensgestaltung	2
Zeichnen, Malen, Basteln, Werken	2
Sport und Spiel	4

Grundschule als lernende Organisationseinheiten

Bereits die Grundschule kann sich die Organisationsform einer Unternehmung geben. Die Schulklassen sind lernende Organisationseinheiten, in denen die Lernformen auch unterschiedlich sind:

Schülergruppen/Lehrer als Moderator

Selbstlerngruppen (in Kombination)

Entwicklung eines differenzierten Rollenverhaltens macht Lernen zum Selbsterlebnis

Die Grundschule muss sich zum Ziel machen, nicht nur einen bestimmten Lehrstoff zu vermitteln, sondern auch zur Kompetenzentwicklung in den Kategorien der personalen und sozialen Kompetenzen beizutragen. Dieses Ziel wird am besten durch folgende Massnahmen erreicht:

- Unterrichtsgestaltung nicht mehr als Monolog vom Lehrer zum Schüler, sondern als bidirektionale Moderation
- Bekanntgabe des Lehrstoffes für den nächsten Tag oder die nächste Lektion mit dem Hinweis, ein kleiner Sherlock Holmes zu sein und so viel wie möglich über das Thema heraus zu finden
- Stärkeres Sportangebot, mit dem vor allem der Teamgeist gefördert werden kann
- Gestaltung von Thema bezogenem Lehrstoff durch die Schüler
- Frühe Teambildung in den Klassen, wodurch das Lernen in der Gruppe aktiviert werden soll
- Wettbewerbe im Kreativbereich und bei Spiel und Sport

Es liessen sich noch viele Möglichkeiten aufführen. Entscheidend ist aber nicht die Vielzahl, sondern die Umsetzung einiger Massnahmen im Sinne des Lernens in einer Lehrwerkstatt.

Die Kompetenzentwicklung im Jugendalter

Zur Kompetenzentwicklung im Jugendalter ist fest zu halten, dass dieselben Schlüsselkompetenzen, wie in der Grundschule, weiterentwickelt werden müssen. Das Kompetenzprofil wird durch einige Schlüsselkompetenzen erweitert, die aber in den meisten Lehrplänen nicht explizit berücksichtigt werden. Es handelt sich um folgende Schlüsselkompetenzen:

Personale Kompetenz	Glaubwürdigkeit Flexibilität
Fachkompetenz	Fremdsprachen- kenntnisse
Methodenkompetenz	Argumentationsstärke Organisationstalent
Soziale Kompetenz	Wirtschaftliches und/oder technisches Interesse Improvisationsfähigkeit

Im Jugendalter ist das Gehirn des Menschen soweit funktionsfähig, dass alle Denk-, Wahrnehmungsprozesse und Verhaltensreaktionen ausgebildet sind, wenn der Mensch im Jugendalter eine entsprechende Entwicklung nach dem vorher festgehaltenen Modell hat durchlaufen können. Die o. a. Schlüsselkriterien können nur dann vollständig entwickelt werden, wenn die Jugendlichen in Gruppen die Gelegenheit erhalten, sich darin zu üben.

Mit einem Vorurteil muss man auch brechen: Jugendliche sind weder faul noch uninteressiert noch dumm. Eine Studie des Schweizerischen Nationalfonds NPF 52 zeigt bereits in der ersten Auswertung der Erhebungen der Universität Zürich bei 3000 Jugendlichen, dass Jugendliche an der Gestaltung des Lebens sehr interessiert sind, dass sie mitfühlend sind und zu vielen wahrgenommenen Problemen eine eigene Meinung haben. Man darf auf die Detailauswertungen dieser erstmals in einer derart grossen Feldstudie erhobenen Ergebnisse gespannt sein.

Je bewusster sich die, für die Entwicklung der heranwachsenden Menschen Verantwortlichen über ihre Rollen in den ersten Lebensjahren sind, desto grösser ist die Chance, dass eine grosse Zahl junger Menschen mit einem ausgeglichenen Kompetenzpotenzial in die Selbständigkeit geführt werden.

Ist ein Kind noch klein, muss man darum besorgt sein, dass es tiefe Wurzeln erhält – ist es grösser muss man sich darum kümmern, dass es Flügel bekommt.

In dieser Aussage verbirgt sich so wunderbar, wohin die Entwicklung zielen muss. Wir müssen diese Weisheit als Aufforderung sehen, unseren Kindern auf der ganzen Welt dieselben Entwicklungsmöglichkeiten zu bieten. Tun wir es nicht, rächt sich das Versäumnis in dramatischer Weise: in den Slums werden Millionen „Chancenlose" enden, Diebstahl und Verbrechen sind nicht mehr in Grenzen zu halten, Pandemien werden häufiger Millionen Leben dahinraffen, die Wirtschaft und die Staaten können den Wohlstand nicht mehr schaffen und schon gar nicht mehr aufrecht erhalten.

Diese düsteren Perspektiven entstehen nicht auf einer nihilistischen Denkweise, sie sind das Ergebnis der Beobachtungen über die Entwicklung unserer Welt in den vergangenen 50 Jahren. Weil eine Änderung nur möglich ist, wenn man das Übel an der Wurzel packt, sind diese Gedanken Gegenstand dieses Artikels. Die Wurzel liegt in der Gestaltung der Kindheit bis zum Jugendalter. Sie alle, die in irgendeiner Weise für die Entwicklung der Kinder in die Verantwortung genommen werden, sind die Hoffnungsträger einer besseren Welt von morgen. Die Kinder und die Gesellschaft werden es Ihnen danken.

Ausblick auf eine prospektive Zukunftsgestaltung durch Kompetenzentwicklung

Die systematische Kompetenzentwicklung für Kinder und Jugendliche jeden Alters verleiht diesen die Chance, ihre Fähigkeiten und Fertigkeiten im Rahmen adäquater Verhaltensweisen, welche bereits die jungen Menschen zu kleinen Persönlichkeiten machen, in ihrem jeweiligen Umfeld erfolgreich zu nutzen. Dadurch entwickeln sie sich auch permanent in ihrer Handlungskompetenz weiter. Die Handlungskompetenz ist umso besser, je ausgeprägter das Kompetenzpotenzial ist. Die Handlungskompetenz drückt sich über die Kindheit und das Jugendalter in einer folgenden Schlüsselkriterien mit entsprechend hohem Ausprägungsgrad aus:

Lernfähigkeit	Wissen wie man lernt und wie man was speichern kann
Kommunikationsfähigkeit	Fähigkeit, sich verständlich auszudrücken
Präsentationsfähigkeit	Geschicktheit, Themen auf eindrückliche Weise im multimedialen Kontext zu präsentieren
Informatikkenntnisse	Geschicklichkeit im Umgang mit Computer, Programmen und Internet
Fremdsprachenkenntnis	Fähigkeit, in einer Fremdsprache mündlich und schriftlich kommunizieren zu können
Denkfähigkeit	Logisches Denken, kreatives Denken, konzeptionelles und vernetztes Denken situativ pflegen zu können

Arbeitsgüte	Sorgfalt und Zuverlässigkeit bei der Ausführung von Aufgaben
Beurteilungsfähigkeit	Fähigkeit, Sachverhalte möglichst objektiv aufzunehmen und situativ zu beurteilen
Eigenverantwortung	Erkenntnis, dass ohne Selbstverantwortung die Lebensführung nicht gestaltbar ist
Zielorientierung	Fähigkeit zu definieren, welche Ziele als nächstes erreicht werden sollen
Folgenbewusstsein	Fähigkeit, sich bei Entscheidungen über deren mittelbaren und unmittelbaren Folgen Gedanken zu machen

Man mag jetzt vielleicht denken, dass dieses Kompetenzpotenzial hoch angesetzt wäre. Ist es aber nicht, denn die meisten Kinder und Jugendlichen aus einem aktiven Kindheitsumfeld verfügen tatsächlich über erstaunlich gute Ausprägungsgrade in diesen Schlüsselkompetenzen.

Dass die Kompetenzpotenziale letztlich für die gesamte Gestaltung des privaten und beruflichen Lebens ausschlaggebend sein werden, müsste eigentlich Zeichen genug sein, sich sehr intensiv mit der Kompetenzentwicklung zu befassen.

Ernsthafte Interessenten, die mit der Kompetenzentwicklung systematischer als bisher beginnen möchten, haben die Möglichkeit, sich über weiterführende Literatur und Diagnoseinstrumente über inolution.com zu informieren.

KAPITEL 2

Kompetenzen im Wirtschaftsumfeld

Der rasante Fortschritt in der industrialisierten Welt, weitestgehend bedingt durch die Digitalisierung und Automatisierung der Massenproduktion, führte zu einem bisher beispiellosen Aufschwung und einem damit verbundenen Wohlstand in den Industrieländern. Dieser eigentliche Wirtschaftsboom - unterstützt durch das euphorische Konsumverhalten und die Lebensausrichtung auf materiellen Wohlstand - führte in den letzten vierzig Jahren in praktisch allen Produktbereichen zur Marktsättigung.

In gesättigten Märkten wird jedoch der Kampf um die Marktanteile weniger über die Qualität der Angebote, als vielmehr über einen eklatanten Verdrängungswettbewerb geführt. Wo in den Zeiten des kontinuierlichen Wachstums mit Produkten und Dienstleistungen eine hohe Wertschöpfung mit guten Deckungsbeiträgen erzielt werden konnte, kämpfen Unternehmen heute in den gesättigten Märkten gegen einen weiteren Margenzerfall, denn der Verdrängungswettbewerb wird weitestgehend über den Preis ausgefochten.

Die Marktsättigung führte auch aus diesen Überlegungen heraus zur Globalisierung. Der Wettkampf um die Marktanteile wird zwischen Europa, den USA (America First) und Asien ausgetragen werden. Das Ausweichen in grössere zukünftige und rasch erschliessbare Entwicklungsgebiete kann jedoch keine auf Dauer wirksame Lösung für die jeweils aktuelle Problematik der Marktsättigung bieten, da dieser Expansion sowohl ökonomische als auch ökologische Grenzen gesetzt werden:

Die Marktsättigung wird also eine Konstante in praktisch allen Wirtschaftsbereichen der Staaten bleiben, welche sich aus monetärer Sicht die entsprechenden Güter und Dienstleistungen auch leisten können.

Marktsättigung, Globalisierung, Verschärfung des Wettbewerbs und technologischer Fortschritt sowie wachsende Digitalisierung des Vertriebs (online shops) und der Einsatz von Robotern, welche die moderne Produktion und Distribution erst ermöglichen, führen dazu, dass sich die Industriegesellschaft innerhalb der nächsten 10 Jahre zur totalen Informationsgesellschaft wandeln wird.

Innerhalb der nächsten 10 Jahre werden Telefone, Faxgeräte, Kopierer, Datenbanken usw., verbunden mit Computern, die noch einmal 100fach leistungsfähiger sein werden als die heutigen, zu einem weltumspannenden Informationsnetz verknüpft sein. Dies wird unsere Art zu arbeiten und zu leben nochmals grundlegend verändern. Fast nichts wird so sein wie früher. In Bezug auf die Marktwirtschaft steht nach Gates Vision der westlichen Wirtschaft eine Veränderung revolutionären Ausmasses bevor, die derjenigen der ehemaligen Ostblockstaaten beim Übergang von der Plan- zur Marktwirtschaf t nichts nachstehe. Die Verfügbarkeit von Informationen und Daten würde dazu beitragen, dass Überproduktion vermieden werden könnte, aber auch zu einem erhöhten Wettbewerbsdruck führen, da nichts mehr zu teuer eingekauft werden würde. Eine verbesserte Informationstechnik würde die Arbeitslosigkeit nicht noch weiter steigern, da verbesserte neue Angebote sich leichter und schneller in den potentiellen Märkten bekanntmachen würden.

Gleichzeitig sind ökologische Problemkreise wie die Ressourcenverknappung, die Belastung von Luft, Wasser und Boden, Klimakatastrophen und die wachsende Zerstörung natürlicher Lebensräume zu globalen Existenzfragen geworden, welche die Sinnhaftigkeit der bisherigen Auffassung vom Wirtschaften grundsätzlich in Frage stellen.

Der vielzitierte Satz, dass die Reichen noch reicher und die Armen noch ärmer werden, scheint sich ebenfalls zu bewahrheiten, denn durch die ungleiche Verteilung des Wohlstandes und die exorbitanten Wertzuwächse bei digitalen Firmen entsteht ein wachsendes wirtschaftliches Ungleichgewicht, das nicht nur im Bereich des Nord-Süd-Gefälles internationale Krisenherde erzeugt, sondern in wachsendem Masse auch den sozialen Frieden in den Industrieländern selbst bedroht.

Es darf deshalb nicht verwundern, wenn sich heute eine Vielzahl von Menschen die Frage stellen, wie weit ein Wirtschaften in der bisherigen Form in Zukunft überhaupt noch möglich sein wird, und wie sich die einzelnen Kompetenzen in zukünftigen Jobs verändern.

Der Zürcher Professor für Sozialethik Hans Ruh ist bei weitem nicht der einzige, der in diesem Zusammenhang für ein grundsätzliches Umdenken der Weltwirtschaft plädiert, führte doch die bisherige, einseitige Programmierung auf Wachstum zu immer mehr Produktion und aufgrund des Wettbewerbsdrucks zu immer mehr Rationalisierung. Die Absurdität eines Verharrens in bisherigen Denk- und Verhaltensweisen wird vollends deutlich, wenn man sich vor Augen hält, welch hoher Preis für ein Spiel bezahlt werden muss, in dem es schon längst keine Gewinner mehr gibt - ange-

sichts wirtschaftlicher Strukturkrise, hoher Arbeitslosigkeit, Verschärfung der Umweltprobleme und der sozialen Unterschiede weltweit.

Durch die einseitige Fixierung auf Leistung, Erfolg und materiellen Wohlstand bleiben überdies wichtige Werte menschlichen Zusammenlebens auf der Strecke: Nicht nur bei gefährdeten Jugendlichen steigert der Überfluss an Produkten das Gefühl der "Sinnlosigkeit", den Wertezerfall und somit indirekt mangelnde Motivation, Aggression, Gewalt und Radikalismus, die Erziehung der Kinder und die Sorge für die Älteren hingegen wird immer unpersönlicher und verstärkt auf staatliche Institutionen abgewälzt.

Ein Umdenken sollte nach Ansicht von Ruh daher von einem ganzheitlichen Ansatz ausgehen:

- einerseits sollten umweltverträgliche Technologien und Produktionsweisen entwickelt und gefördert werden, die sich auf die Grundregeln der Natur stützen.

- andererseits sollten flexible Arbeitszeitmodelle entwickelt werden, welche nicht nur das Problem der Arbeitslosigkeit mindern, sondern auch obligatorische Sozialdienste, Eigenarbeit wie Nahrungsanbau oder häusliche Reparaturen zeitlich ermöglichen. Aber auch lebensbejahende Aktivitäten für Körper, Seele und Geist, wie Sport und Kultur etwa, Religion, Philosophie oder Esoterik sollten nicht zu kurz kommen.

Solche Ansätze ganzheitlicher Betrachtungsweisen bieten zwar nicht Patentlösungen nach dem Prinzip " deus ex machina" - sie zeigen vielmehr auf, dass die Betrachtung des wirtschaftlichen Umfeldes nicht losgelöst von gesell-schaftlichen, technologischen und ökologischen Parametern erfolgen kann.

Das einzige, was mit Sicherheit über die Wirtschaft der Zukunft gesagt werden kann, ist, dass sie sich nie mehr in gemächlich-kontinuierlichen Entwicklungsstadien bewegen wird.

Kleinere und grössere Turbulenzen in Politik, Wissenschaft und Gesellschaft werden immer wieder für stetige Unruhe sorgen, welche im Unternehmen dazu führen muss, dass die statischen Strukturen dynamischen Formen weichen müssen. Wer in diesen Marktverhältnissen bestehen will, muss einerseits zu visionärem und ganzheitlichem Denken, andererseits zu Konzessionen wie Allianzbildung oder partnerschaftlichen Zusammenarbeitsformen, bereit sein.

Daraus ergibt sich aber auch, dass die unternehmerische Kompetenz der Zukunft nicht mehr nur aus einer Kombination hoher Fach- und Methodenkompetenz bestehen kann, sondern dass verstärkt Persönlichkeitskriterien und Charaktereigenschaften einbezogen wer-den müssen, welche unter dem Begriff der Sozialkompetenz zusammengefasst werden.

Unternehmerische Kompetenz als Summe verschiedener Fach-, Methoden- und Sozialkompetenzen setzt ein hohes Wahrnehmungsvermögen voraus. Das Wahrnehmungsvermögen konzentriert sich auf die Beobachtung der Sachverhalte und Veränderungen im wirtschaftlichen Umfeld, welches aus einer gesellschaftlichen, technologischen, ökonomischen und ökologischen Sphäre besteht.

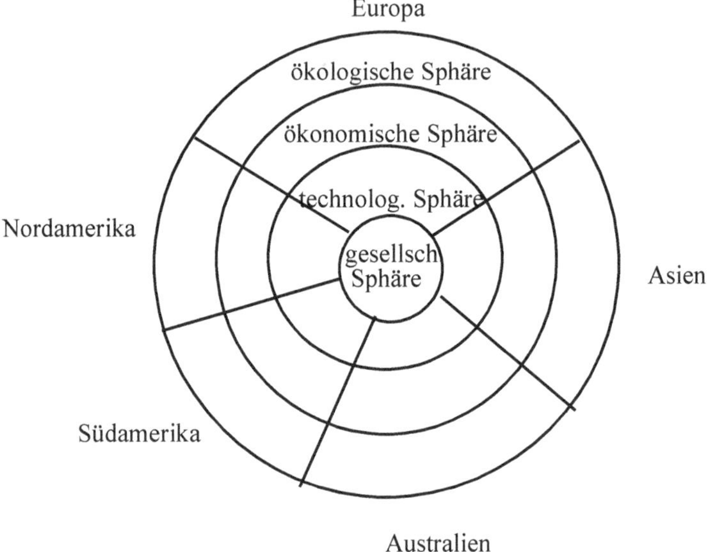

In diesem komplexen Bezugsrahmen den Überblick zu bewahren, wird durch die Dynamik der Veränderungen in diesem komplexen System, die Fülle an sich ständig ändernden Informationen und die immer reichere Verfügbarkeit von Daten erschwert. Um die Zusammenhänge verstehen und die relevanten Rückschlüsse für das eigene unternehmerische Umfeld daraus ziehen zu können, muss auch die Tatsache berücksichtigt werden, dass die ökologischen, ökonomischen, technologischen und gesellschaftlichen Sphären in den unterschiedlichen Kontinentalmärkten grundverschiedene Niveaus haben - ein Aspekt, der insbesondere multinationale Unternehmen vermehrt dazu zwingt, ihre Strategien auf diese Umfeldgegebenheiten hin auszurichten.

Wer die Wirtschaftsentwicklung der vergangenen Jahrzehnte beobachtet hat, konnte zweifelsfrei feststellen, dass sich durch das Zusammenwirken technologischer, ökonomischer, ökologischer und gesellschaftlicher Einflüsse Veränderungsprozesse in grösserem und schnellerem Ausmass abwechselten, als dies noch vor 30 Jahren der Fall war. Diese Veränderungsprozesse werden durch eine Vielzahl von Turbulenzfaktoren eingeleitet, welche zu einer Auflösung fester, starrer Strukturen in den Märkten wie auch in den Unternehmen führen müssen.

Zu den bedeutendsten Turbulenzfaktoren in der Wirtschaft zählen:

- **Starke Aufwärtsentwicklung einzelner Schwellenländer** in Asien, wie Singapur, Malaysia, Korea und China.

- **Zunehmender Protektionismus** insbesondere in den USA (America First) und Japan, aber auch in einzelnen Staaten der europäischen Gemeinschaft, insbesondere Grossbritannien im Brexit.

- **Wirtschaftsfremde Subventionspolitik,** welche zur Konservierung von Branchen- und Betriebsstrukturen führt, die keine Existenzberechtigung mehr haben.

- Immer noch **zu schwache europäische Kooperationstendenzen**, welche der Schaffung eines europäischen Grossmarktes zweckdienlich wären.

- **Zu geringe Flexibilität der Unternehmen**, welche dadurch viel zu langsam – und dann oft zu spät - auf Marktveränderungen reagieren.

- **Pathologische Organisationsstrukturen in den staatlichen Verwaltungen**, welche sich vor allem in der Überkompliziertheit der Organisation artikulieren, mit zu komplizierten Handlungsspielräumen und Überforderung der Mitarbeitenden in Bezug auf deren Kapazität zur Verarbeitung von Informationen sowie einer Zunahme struktureller Widersprüchlichkeiten mit wachsenden Abteilungs- und Rollenkonflikten.

- **Immer kürzere Fristen** der meisten **Produkt- und Technologiezyklen.**

- **Verdrängung zahlreicher Branchen (Textil, Chemie, U-Elektronik, Computer, Fahrräder) aus Europa** vorwiegend durch China, Indien, Bangladesch, Korea.

- **Entstehung ausgeprägter Krisenbranchen** wie Stahlindustrie, Schiffsbauindustrie, Haushaltgeräteindustrie, bedingt durch markante Sättigungserscheinungen und dadurch nicht ausgelastete Kapazitäten.

- **Wachsende Investitionsunlust**, bedingt durch ein mehr und mehr negativ gefärbtes wirtschaftliches und gesellschaftspolitisches Klima.

- **Fehlendes Vertrauen der Unternehmer in die Zukunft, bedingt durch mangelhafte politische Konzepte, die Sicherheit im globalisierten Umfeld bringen** und dadurch mangelhafte Bereitschaft zu Risiko und Innovation.

- **Dramatische Veränderungen der Beschäftigungsstruktur** in den kommenden 10 Jahren, weitestgehend bedingt durch die fortschreitende Informatisierung und Automatisierung sowie Roboter- und Drohneneinsätzen.

- Zunehmende Unberechenbarkeit von Märkten und Konsumenten infolge eines **strukturellen gesellschaftlichen Wertewandels, insbesondere eines erhöhten Umweltbewusstseins – auch der Jugendlichen**

- Zunehmende Solidarisierung verschiedener Konsumentenkreise mit **ökologisch ausgerichteten Unternehmensphilosophien.**

- Wachsendes Problembewusstsein hinsichtlich **Material- und Energieverbrauch sowie Rezyklierbarkeit.**

Mit solchen komplexen Strukturen umgehen zu können, ist nicht nur eine Frage vertikalen Wissens und Denkens, sondern setzt vielmehr auch ein gewisses Mass an spielerisch freier Kreativität in dynamischen Denk-strukturen voraus. Insofern vermerkt der bekannte deutsche Trend-forscher Gerd Gerken zu Recht, dass der neue Wettbewerb auch eine neue Art von Intelligenz verlange.

Eine grosse menschliche Denkschwäche ist es jedoch, gerade auf Turbulenzen mit einer extrem starren Strukturierung zu reagieren.

Durch Turbulenzen instabil gewordene Marktverhältnisse lassen sich aber, wie bereits erwähnt, nur durch dynamische Strukturen und Denk-weisen beeinflussen.

Diese führen eigentlich fast automatisch zu innovativer Kooperationsbereitschaft mit dem sozialen Umfeld, in dem man seine Leistungen, seien es Produkte oder Services, anbieten will.

Vielfach unterschätzt wird heutzutage nach wie vor, dass ein Miteinander in gesättigten Märkten raschere und grössere Erfolge bringt, als ein Gegeneinander, denn mit der Gegeneinander-Strategie wird mindestens 50% des Energiepotentials für den Positionierungskampf eingesetzt.

Die Verlagerung von Strategie und Taktik weg vom Kampf um eine neue Positionierung im Markt und hin zu kreativer, offener Kooperationsgemeinschaft, bedeutet gleichzeitig eine Verlagerung von der rein materiellen zu einer immateriellen, Fusion.

Als Beispiel einer immateriellen Fusion sei etwa die Kooperationsbereitschaft zweier oder mehrerer autonom geführten Unternehmen genannt, welche Teilbereiche ihres Leistungsspektrums gegenseitig in gesättigten Märkten austauschen und damit auf der Basis des jeweils besten Beziehungsnetzes auch entsprechende materielle Erfolge generieren, wie das beispielsweise bei Einkaufspools der Fall ist, wobei der immaterielle Faktor die Macht bzw. Marktkompetenz ist.

Turbulenzdekaden bringen es mit sich, dass auch Prognosestellungen immer unsicherer werden, was letztlich wieder dazu führt, dass sich Manager in immer kürzeren Perioden mit der Festlegung der unternehmerischen Strategie beschäftigen müssen. Ein Beispiel:

Viel ist im Rahmen der Erforschung des Konsumentenverhaltens und der Marketingliteratur über den Wertewandel seit dem Ende der 60er Jahre publiziert worden. Es kann als erwiesen gelten, dass die psychischen Reaktionen auf die Lage der Wirtschaft die Werteordnung einer Gesellschaft prägen. So gesehen, erklärt sich der rasante Wertewandel der letzten 20 Jahre in den Industrienationen Amerika, Westeuropa und China und Indien vor allem durch die Wahrnehmung des Wohlstandes. Diese Hypothese wird von dem Report der Washingtoner Brookings Institution für die Clinton-Regierung vertreten. Unter dieser Annahme muss mit neuen Verschiebungen der Wertskalierungen unter dem Eindruck einer tiefgreifenden Rezession und ständig steigenden Arbeitslosenzahlen gerechnet werden, obwohl diese erst in Amerika bereits real messbar sind.

Bereits in früheren demoskopischen Untersuchungen zeigte sich, dass offenbar die USA eine Vorreiterrolle bei der Entwicklung von Trends einnehmen, wobei sich Veränderungen dort in der Regel fünf bis zehn Jahre früher als in Westeuropa oder Japan bemerkbar machen.

Bei den in den USA vorgenommenen demoskopischen Untersuchungen stellte sich deutlich heraus, dass zur Transformation von Wertvorstellungen neben dem schnellen technologischen Fortschritt, dem Ende des Ost-West-Konflikts oder der Krise in der

Sozialpolitik die psychische Reaktion der Menschen auf das Wachsen oder Schrumpfen des Wohlstands besonders beiträgt. Diese Einschätzung ist von einem hohen Mass an Subjektivität geprägt. Häufig halten Menschen sich für arm, obwohl sie objektiv wohlhabend sind und umgekehrt. Die Bedeutung, die Menschen dem Grad ihres Wohlstandes zuweisen, nennt der oben genannte Report den "Wohlstandseffekt".

Jahrzehntelang erfreuten sich die westlichen Industrienationen sowie Japan eines ungeheuren Wirtschaftswachstums und eines stetig steigenden Wohlstandes. Jetzt stagniert die Expansion, in manchen Ländern ist sogar ein Rückgang zu verzeichnen. Wirtschaftliche Veränderungen allein bewirken jedoch keinen Wertewandel. Entscheidend ist die subjektive Wahrnehmung der Menschen von ihrer wirtschaftlichen Lage und vom Wohlstand ihrer Nation.

Für die meisten Menschen bedeutet Wohlstand ein gewisses Mass an Freiheit und Kontrolle über das eigene Leben. So führte der Wohlstandseffekt bei Millionen von Menschen dazu, dass Werte wie Selbstverwirklichung und Individualität weit oben auf der individuellen Werteskala rangierten, während traditionelle Werte aus Mangelzeiten, wie z. B. Opferbereitschaft, Fleiss, harte Arbeit und Sparen auf die Zukunft, in den Hintergrund traten.

Der Soziologe Ralf Dahrendorf betrachtet den historischen Wandel in der westlichen Gesellschaft als das Ergebnis von Bemühungen, das Gleichgewicht zwischen Optionen (Freiheiten) und Ligaturen (Bindungen und Verpflichtungen) herzustellen. Bindungen sorgen für Zusammenhalt und Stabilität, während Optionen die Entfaltung des Individualismus fördern.

Gesellschaften, in denen die Bindungen der Menschen zueinander starr sind, begrenzen die Wahlmöglichkeiten des Individuums stark. Indem die Menschen eine Ausweitung ihrer persönlichen Freiheiten erkämpfen, werden die Ligaturen geschwächt.

Auf der Grundlage dieser Theorie, untermauert mit den demoskopischen Untersuchungen der Brooking Institution, stellt sich das Wirken des Wohlstandseffekts auf den Wertewandel in drei Phasen dar.

Phase 1:

Der Wohlstand ist noch neu. Man glaubt noch nicht daran, dass dieser Zustand von Dauer sein wird. Die traditionellen Werte wie Sparen, Opferbereitschaft und soziale Bindungen stehen hoch im Kurs und den persönlichen Wahlmöglichkeiten sind enge Grenzen gesetzt.

Phase 2:

Der Übergang zu Phase 2 ist durch einen erstaunlichen "Bruch in der Psychologie" gekennzeichnet. Die sachlich nicht begründete Skepsis aus Phase 1 weicht plötzlich einem haltlosen Optimismus. Einzelne wie ganze Nationen glauben nun, nach Belieben Geld ausgeben zu können, ohne sich um die Zukunft sorgen zu müssen. Man geniesst den Wohlstand und entwickelt die Ansicht, der Staat solle endlich lange vernachlässigte Probleme lösen. Am Ende dieser Phase kosten die Menschen die vielfältigen Möglichkeiten individueller Lebensgestaltung bis zur Neige aus. Beruf und Lebensweise werden nach persönlichen Neigungen, und weniger nach wirtschaftlichen Überlegungen gewählt. Das Streben nach Selbstverwirklichung und Selbstausdruck rangiert weit oben auf der

Werteskala. Die soziale Opferbereitschaft geht stark zurück zugunsten eines Anspruchsdenkens nach sofortiger Bedürfnisbefriedigung.

Phase 3

Bereits im Übergangsstadium von Phase 2 zu Phase 3 greift die Erkenntnis Raum, dass die völlige persönliche Wahlfreiheit "wichtige Bindungen unterminiert", die den persönlichen Beziehungen und sozialen Systemen wie Familie oder Nachbarschaft, bis zu den grossen Gemeinschaften wie Kommunen und Nationen, von denen die Unternehmen als Wirtschaftsgemeinschaften ein Teil sind, erst Stabilität und Sinn geben.

Die nicht nur guten Erfahrungen mit den "neuen Werten" - wie beispielsweise die Erkenntnis, dass grössere Freiheiten in der Wahl der Lebensweise etwa zu Zeitmangel oder höherer Verschuldung führen können - bewirken ein Umdenken im Sinne einer Synthese zwischen grösserer persönlicher Wahlfreiheit und dem Bedürfnis nach dauerhaften Bindungen.

Das Bedürfnis nach mehr persönlicher Sicherheit wächst nicht zuletzt aufgrund der schlechten wirtschaftlichen Aussichten. Gleichzeitig hat man die Erfahrung gemacht, dass eine zu grosse und ausschliessliche Konzentration auf Arbeit und Karriere die Lebensqualität unterhöhlt und zu tiefergehenden gesellschaftlichen Problemen führt. Die Vernachlässigung von Kindern und Alten, Randgruppen, Sucht- und Drogenproblematik seien an dieser Stelle als Beispiele herausgegriffen.

Es ist jedoch nicht so, dass der Zwang, die materiellen Ansprüche zurückschrauben zu müssen, die Menschen ihre neuen, in Phase zwei erworbenen Wertschätzungen aufgeben lässt. Vielmehr werden einfallsreiche Kompromisse zwischen Freiheiten und Bindungen gesucht, welche die Grundstruktur der traditionellen kulturellen Übereinkunft prägten. Dieser neue Trend, eine Synthese von traditionellen Bindungen und neuen Freiheiten herzustellen, unabhängig von allen wirtschaftlichen Problemen, verleiht den Industrienationen ihre "vibrierende, ruhelose, nervöse und vermeintlich ungerichtete Energie".

Der Ablauf dieser Phasen entspricht also nicht einer Pendelbewegung von einem Extrem ins andere, sondern vollzieht sich im klassischen Sinne dialektisch.

Folgende Aufstellung soll einen Überblick über die Bandbreite des gegenwärtigen gesellschaftlichen Wertewandels geben, soweit er für das wirtschaftliche Umfeld relevant ist:

Ökonomisch relevante Auswirkungen des derzeitigen Wertewandels

Im Folgenden sollen einige wirksame Massnahmenkriterien näher beleuchtet werden, welche durch ihre Umsetzung nach dem Prinzip "Learning by Doing" auch eine Verstärkung der eigenen Kompetenzstruktur mit sich bringen.

Wirksame Massnahmen für die prospektive Unternehmensführung in von Turbulenzen geprägten Wirtschaftsumfeldern:

1. Entwicklung realitätsbezogener Wachstumsperspektiven in differenzierten Märkten mit den sich daraus ergebenden Forderungen nach Managementschwerpunkten
2. Formulierung klar definierter Wettbewerbspositionen mit den sich daraus ableitenden strategischen Optionen und Erfolgserwartungen
3. Entwurf von Portfolio-Konzepten im Sinne einer Kerngeschäftsstrategie, welche grundsätzlich zum Ausgleich zwischen Cash-absorbierenden und Cash-erzeugenden Geschäften führen sollen
4. Erkenntnis, dass folgende Schlüsseltechnologien in Zukunft von vorrangiger Bedeutung sind: Energiespeicherung, Bio- und Gentechnologie, Mikroelektronik, Telekommunikation, CAD/ CAM-Technologien, Robotronik, Verbundwerkstofftechnologie, Oberflächentechnik sowie Recycling
5. Entwicklung einer zielführenden Internationalisierungsstrategie in Forschung und Entwicklung, Produktion, Logistik und Vertrieb
6. Ausrichtung der strategischen Planung mit dem Inhalt, quantitatives Wachstum mit qualitativem Wachstum zu durchsetzen bzw. abzu-lösen
7. Investitionsbereitschaft in neue Märkte als Vorleistung für den Gewinn von Marktanteilen. Schaffen von Venture Capital Pools
8. Starke Konzentration der Internationalisierungsstrategien auf Europa, USA, China und die asiatischen Schwellenländer

Im Sinne einer Umsetzung dieser wichtigen Kerngedanken für eine sozial- und umweltverträgliche globale Wirtschaftsstruktur in eine neue Unternehmensperspektive, liefert der Club of Rome einen brauchbaren Modellvergleich, ausgehend vom herkömmlichen, klassisch-industriellen Modell über das Antiwachstumsmodell zum zukünftigen partnerschaftlichen Modell.

Die Umsetzung dieser Massnahmen setzt bei allen an unternehmerischen Prozessen Beteiligten ein Höchstmass an Fach-, Methoden- und Sozialkompetenz voraus. Die Sozialkompetenz wächst indirekt aus der aktualisierten Fach- und Methodenkompetenz, welche die Kommunikations- und Dialogfähigkeit als wesentliche Faktoren der Sozialkompetenz nachhaltig begünstigt.

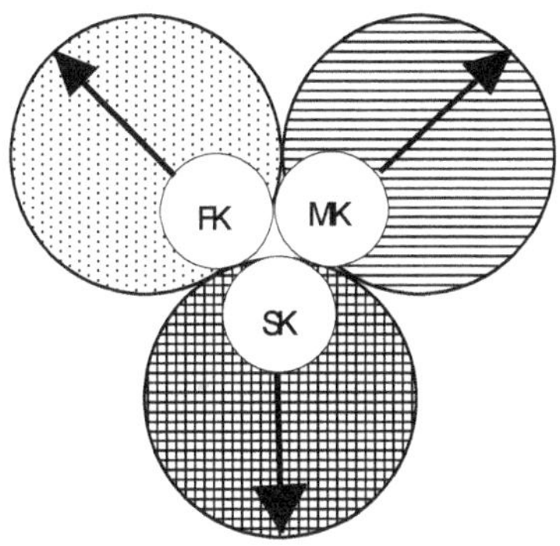

Zur sicheren Bewältigung der anstehenden und in der Zukunft mit Sicherheit noch auftretenden Wirtschafts- und Turbulenzprobleme sollten vor allem die Kompetenzen in den Bereichen Fachkompetenz (FK), Methodenkompetenz (MK) und Sozialkompetenz (SK) gefördert werden.

Viele dieser Kompetenzkriterien sind miteinander vernetzt. Auf deren spezifische Ausbildung und Förderung durch eine gezielte HRM-Strategie wird in den folgenden Kapiteln eingegangen.

KAPITEL 3

Im Brennpunkt des Kompetenzwandels - die neue unternehmerische Wirklichkeit

Die geänderten wirtschaftlichen, technologischen, ökologischen und gesellschaftlichen Rahmenbedingungen wirken sich vielfältig auf der Unternehmensebene aus. Vor allem der menschliche Aspekt dieser tiefergehenden Veränderungen bedarf also sorgfältiger Planung. Die Lösung der menschlichen Probleme, die beispielsweise durch die Notwendigkeit des technologischen Fortschritts erzeugt werden, muss in einem lebens-fähigen Kompromiss liegen - sind ja die Kosten für das Zulassen einer verschlechterten Arbeitsmoral immens, auch wenn sie in der Bilanz eines Unternehmens meistens nicht als solche erscheinen.

"Der Mensch ist ein aktives Element des sozialen Systems "Unternehmung", auf das er mitgestaltend einwirkt. Er ist immer weniger ein Mittel zur Erreichung der unternehmerischen Ziele, sondern die Unternehmung wird vielmehr als Mittel für die Erfüllung menschlicher Zwecke angesehen."

Krulis-Randa

Der Wunsch nach besseren Leistungsresultaten, der sich notwendig aus der Suche nach einer neuen Arbeitsidentität und -qualität ergibt, wird zunehmend als neue ökonomische Ressource erkannt werden.

Human Resources Management als Mittel zur Kompetenzverbesserung in allen Strukturbereichen soll die verschiedenen Einzelperspektiven sinn-voll zusammenfassen und zur Zufriedenheit aller am Wirtschaftsprozess Beteiligten lösen.

In diesem Zusammenhang sind folgende Punkte von Bedeutung:

- **Umwelt, Mensch und Arbeit sind unabdingbar voneinander abhängig.** Wird eine Grösse verändert, so ändern sich auch die anderen Bezugsgrössen.

- Angesichts einer **globalen Wirtschaftsstruktur** ergeben sich multidimensionale Beziehungen und Verflechtungen, die effizienter Steuerung bedürfen.

- Durch das **Zusammenrücken der Weltmärkte** wird der Wettbewerbsdruck stärker und gezielter.

- **Innovationen und absolutes Know-how** auf den einzelnen Spezialgebieten werden zu entscheidenden Wettbewerbsvorteilen. Wissen wird in den nächsten Jahren ganz besonders im Dienstleistungssektor zum wichtigsten „Produktionsfaktor".

- Die geänderte Einstellung zur Arbeit führt zu einem **individuellen Wertewandel;** Freizeit und Selbstverwirklichung nehmen in der persönlichen Wertehierarchie einen höheren Stellenwert ein; Wertvor-stellungen wie Selbstbestimmung, Handlungsfreiheit, Meinungs-bildung nach dem Konsensprinzip, Gesundheit und Selbstverwirk-lichung werden in direkten Bezug zur Arbeit gesetzt. Eine **Neugestaltung der Arbeitswelt** wird dadurch notwendig.

- Die unumgänglich neu zu formulierende Unternehmenspolitik muss auch in einer neuen **Unternehmenskultur** ihren Ausdruck finden.

Die Unternehmenskultur ist eine immaterielle Wertgrösse, mit der sich der einzelne Mitarbeiter langfristig identifizieren können sollte. In gewissem Sinne könnte man sogar sagen, dass die Unternehmenskultur ein Instrument zur Gestaltung des HRM nach innen und zur Gestaltung der Markt- und Kundenbeziehungen nach aussen darstellt.

Sie ist gelebte Darstellung essenzieller Unternehmensmerkmale wie:

- Charakter des Unternehmens
- Atmosphäre und Arbeitsmoral im Unternehmen
- Beziehungsfähigkeit und -potentiale des Unternehmens
- Unternehmensphilosophie
- Formulierte Ziele und Visionen
- Ausstrahlung und Image des Unternehmens
- Gesellschaftliche Funktion und Ambition
- Beziehungsumfeld im Kooperationsbereich

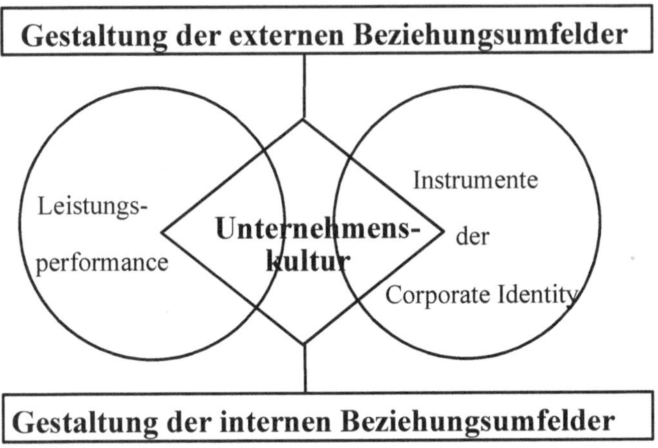

Die immaterielle Erfolgsbilanz

Aus der Marketingliteratur ist der Lebenszyklus von Produkten hinlänglich bekannt. Dieser Lebenszyklus mit seinen Stadien Einführung, Reife, Sättigung und Auslauf reflektiert in gewissem Sinne den Jahreszeitenwechsel, also ein Naturphänomen, dem sich offenbar auch menschliches Verhalten nicht entziehen kann. Eine vielfach beobachtete, aber noch wenig erforschte Erscheinung ist der Verlust an Interesse und Kräften bei Menschen, welche lange in einem monotonen Arbeitsprozess eingespannt sind. Ein Grund dafür dürfte sicher sein, dass prozessbedingte Arbeitsabläufe im Laufe der Zeit zur Routine und damit auch zu einem Verlust an Aufmerksamkeit und Konzentration führen.

Die Ausrichtung der Leistungsperformance aller Unternehmen, welche die Zukunft erfolgreich mitgestalten wollen, zielt ganz eindeutig darauf ab, dass nach jeder Unternehmergeneration eine

Regeneration folgen muss. War eine Unternehmergeneration bislang etwa 25 Jahre im gleichen Rahmen beschäftigt, so wird sie es in Zukunft noch maximal 10 Jahre sein können.

Das neue Profil eines erfolgreichen Unternehmers wird durch folgende Merkmale charakterisiert:

Extrem 1	**Ideale Merkmale**	**Extrem 2**
Traumtänzerei	Intuition	Mangelan Gespür
Ruhelosigkeit	Dynamik	Trägheit
Sprunghaftigkeit	Initiative	Passivität
Spekulationssucht	Risikofreudigkeit	Ängstlichkeit
Unüberlegtheit	Entscheiden	Zaudern
Blindes Heldentum	Mut	Zaghaftigkeit
Besessenheit	Motivation	Unlust
Verschwendung	Finanzielle Umsicht	Knauserei
Dickfelligkeit	Belastbarkeit	Stressanfälligkeit
Phantasterei	Kreativität	Ideenlosigkeit

Jeder Arbeitsplatz - jede strategische und operationelle Funktion - wird sich innerhalb von jeweils 10 Jahren grundlegend verändern - wird durch neue Technologien, neue Aufgabengebiete und neue Aufgabeninhalte verändert, kann aber auch aufgelöst werden bzw. durch sinnvolle Synergienutzung in einen anderen Arbeitsplatz, bzw. Funktionsbereich, integriert werden.

Das heisst im Grunde genommen nichts anderes, als dass der Traum von der Lebensstelle endgültig aufgegeben werden muss. Dieser Wandel erfordert von Unternehmern wie von Mitarbeitern eine bedeutend flexiblere Einstellung im Denken und Handeln sowie die Bereitschaft zu akzeptieren, dass Werte aus der Vergangenheit nicht zwingend denselben Stellenwert in der Zukunft haben werden.

Der Widerstand gegenüber Veränderungen in der Organisationsstruktur oder in den Arbeitsabläufen beruht auf einer „natürlichen Präferenz des Menschen für das Vertraute und auf einer gewissen Trägheit". Andererseits gibt es auch genügend Beispiele dafür, dass die Arbeitnehmer selbst sich intensiv für gewisse Umstellungen oder Veränderungen einsetzen. Ein Beispiel zur Verdeutlichung:

Die meisten technologiebedingten Veränderungen verlangen eine aktive Kooperation der Mitarbeitenden, die bisher im Besitz der Methodenkompetenz waren. Die Akzeptanz eines Veränderungsprozesses lässt sich jedoch nur dann erwarten, wenn dies nicht zu einem Interessenskonflikt führt. Die erfolgreiche Einführung neuer Technologien oder Methoden erfordert daher eine sorgfältige Aufklärung. Erfahrungen von Unternehmen, die organisatorischen Veränderungen gegenüber aufgeschlossen sind, beweisen, dass in solchen Unternehmen die Belegschaft eher zum Mitziehen bereit ist, als starre, relativ unflexible, die sich aufgrund äusserer Notwendigkeit einer Umstrukturierung plötzlich unterziehen müssen.

Die Einstellung zum technologischen Wandel hängt davon ab, ob der einzelne das Neue als vorteilhaft oder nachteilig beurteilt. Diese Beurteilung wird zum Teil von den Erfahrungen bestimmt, die Organisationen als Ganzes oder Einzelne in der Vergangenheit in ähnlichen Situationen gemacht haben, andererseits spielen aber auch individuelle Grundmotivationen hierbei eine Rolle.

Die Aussicht auf Änderung einer Gewohnheit, die ein technologischer oder organisatorischer Wandel ja zumeist mit sich bringt, löst einen sehr komplexen Motivationseffekt aus, der sich eher nach-träglich verstehen als zuverlässig prognostizieren lässt.

Die kommunikative Aufgabe als Kriterium der Sozialkompetenz des neuen Managers sollte daher eine Art strategischer Diplomatie-Mix sein - ein Diplomatie-Mix aus Selbstkontrolle, Humanisierung und Environment. Im Rahmen dieses Diplomatie-Mix denkt, agiert und vermittelt der zukünftige Manager als Planer, Moderator und Motivator.

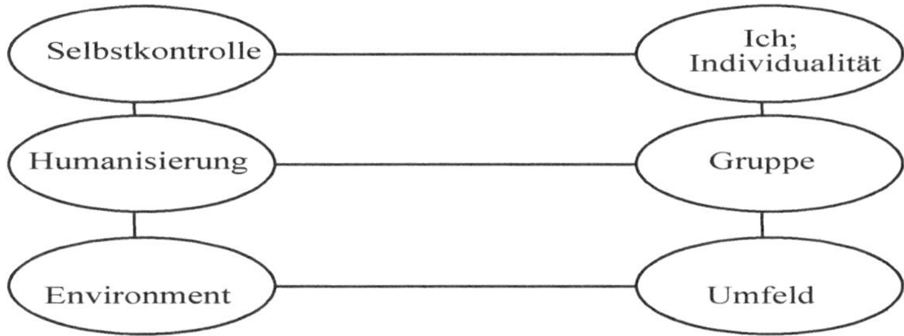

Obgleich der Faktor der Trägheit zu Widerstand gegenüber Veränderungen führen kann, muss an dieser Stelle betont werden, dass der Mensch von Natur aus aber auch ein entdeckungsfreudiges Wesen ist, das eigentlich nur durch die Erziehung den grössten Teil seiner Experimentierfreudigkeit verliert, da unsere Erziehungsinhalte weitestgehend das Ziel verfolgen, gesellschaftskonforme und damit auch denk- und verhaltenskonforme "Standardmenschen" heranzubilden. Dass unser Erziehungssystem erbrachte Leistungen obendrein noch standardisiert bewertet, bzw. benotet, unterstützt das Konformitätsdenken ungemein, denn der einmal festgelegte Wissensumfang und der Anspruch auf Wahrheit des Wissensinhaltes lässt die Akzeptanz für ein anderes Denken kaum noch zu. Dass die Wissenschaft selbst sich im Laufe der Zeit x-mal korrigiert, stört dabei nur wenig.

Tatsache ist und bleibt, dass der Staat Milliarden in die Ausbildung konformer Mitbürger investiert und die Wirtschaft im nachhinein Milliarden in die Aufbereitung der Human Resource Potenziale investiert, um ihre Mitarbeiter aus den einst konform geschulten Menschen in innovative und kreative, kommunikations- und teamfähige Mitarbeiter zu trans-formieren. In gewisser Hinsicht bleibt den Unternehmen keine andere Wahl, als der Entscheid, ob sie bezahlte Unfähigkeiten oder bezahlte Fähigkeiten in ihrer immateriellen Erfolgsbilanz aufführen möchten. Deshalb schreiben Firmen wie etwa W. Gore & Associates GmbH in ihren Personalanzeigen unter dem Titel "No ranks - no titles":

"Zuerst: Legen Sie mögliche Vorurteile über die Arbeitsweise mancher erfolgreicher amerikanischer Unternehmen ab. Dann können Sie sich der Frage zuwenden, ob es sich für Sie lohnt, bei GORE einzusteigen.

Bei GORE werden Hierarchien, Ränge oder Titel vermieden, wo immer es möglich ist. Die Betriebsgrössen unserer Werke (es sind weltweit zurzeit 40) halten wir relativ klein. Bei einer maximalen

Zahl von 150 - 200 Mitarbeitenden fällt es dem einzelnen leichter, seinen Anteil am Gesamtergebnis zu erkennen. Und es ermöglicht uns, direkt, offen und spontan miteinander zu kommunizieren. Innovationen und unternehmerisches Denken sind das Resultat unserer Firmenkultur und die Basis unseres schnell wachsenden Erfolges."

Anders die Wirklichkeit in sehr vielen Unternehmungen, die nach wie vor noch nicht eingesehen haben, dass starre Strukturen und lange Hierarchiewege sukzessive zu einer Lähmung der Dynamikpotentiale bei den Mitarbeitern führen. Eine besondere Problematik ist der Umgang mit der persönlichen Kompetenz der einzelnen Mitarbeiter. Die Kompetenzstruktur selbst mit den gesamten Begabungspotentialen kann sich nur in einem dynamischen Umfeld entwickeln, in einem Umfeld, in welcher jeder zu jedem das Sagen hat. Starre Organisationsstrukturen verhalten sich jedoch diametral entgegengesetzt: Sie versuchen, instabilen Markt- und Umweltverhältnissen mit einer noch stärkeren Strukturierung zu begegnen und den Veränderungen zu trotzen, was als Folge der Ausschöpfung letzter Potentialkräfte zwangsläufig zur Erschöpfung führen muss.

Wichtiger Nebeneffekt: Mitarbeitende mit hohem Dynamikpotential verlassen die starre Organisation kurz vor der absehbaren Katastrophe; übrig bleibt ein Häuflein konformer verwaltungsorientierter, hierarchiehöriger Gefügsamer, welche sich durch Absicherung und gegenseitige falsche Solidaritätsbezeugung spätestens an den Stempelkassen der Arbeitsämter wieder treffen.

Diese Formulierung mag manchem Leser etwas überspitzt vorkommen; sie entspringt aber der Erfahrung des Autors, welcher in den vergangenen 12 Jahren sehr viele Unternehmen in Sanierungs- und Restrukturierungsphasen kennengelernt hat.

Hauptaufgabe der Unternehmensführung ist und bleibt es auch in der Zukunft, durch die globale Managerkompetenz den wirtschaftlichen Fortschritt sicherzustellen und gleichzeitig den technologischen, sozialen und kulturellen Wandel durch eine prospektive Vorwärtsstrategie zu meistern.

Eine zentrale Zukunftsaufgabe im Rahmen des Human Resources Developments wird es sein, Talente der Mitarbeitenden zu erkennen, zu beurteilen und zu fördern - im Sinne einer langfristigen unternehmerischen Existenzsicherung. In dieser Hinsicht stehen europäische Unternehmen vergleichsweise zu japanischen aber auch amerikanischen noch weit hinten an. Es fehlen auch praktikable und verifizierbare Instrumente zur Potenzialdefinition und -beurteilung, oder mit anderen Worten: die Transparenz im Sinne einer immateriellen Erfolgsbilanz.

Professor Andreas Menzl behauptet, das "Management im Lotussitz" habe abgedankt und die "New Age - Welle" sei nur ein <Schönwetter-Management-Tool> Menzl führt weiter aus: In den konjunkturell erfreulichen 80er Jahren haben viele Unternehmensleitungen die Zwiesprache mit sich selber gesucht - und gefunden, dafür aber den Kontakt mit Mitarbeitern und Kunden verloren. Heute ist das Wort "Kundennähe" in aller Munde. ...." Weil viele Leistungen erst durch das Zusammenwirken verschiedener Mitarbeiter entstehen, setzt dies die Präsenz aller Leistungsträger voraus. Kein Wunder, dass heute die Präsenzzeiten eher verlängert als verkürzt werden."

Die Aus- und -Weiterbildung für Manager war thematisch mehrheitlich der Förderung von Kaderleuten selbst gewidmet, und weniger den Themen, welche sich mit dem Erkennen und Fördern von Talenten bei anderen auseinandersetzten. Diese Aufgabe hatte man vornehmlich den Personalchefs zugedacht, welche aber kraft ihrer Funktion relativ weit von der Teambasis entfernt sind und die Feedbacks im Grunde genommen von den jeweiligen Teammanagern erwartet hatten.

Dass es auch anders geht, beweist der ehemalige HP-Personalchef Heinz Fischer. Mit dem Modell "Workplace of the Future" hat er, gemeinsam mit einem Advisory Board aus Linienmanagern und Personalchefs verschiedener europäischer Länder ein Konzept entwickelt, durch das sichergestellt werden soll, dass das Personalwesen nicht zum "Elfenbein-turm im Unternehmen" wird, sondern sich wie alle anderen Abteilungen Gedanken darüber zu machen hat, wie es seine "Verantwortung gegenüber Mitarbeitenden, Kunden, Besitzern und Gesellschaft" wahrnimmt.

Bereits viele Personalchefs stehen fest hinter dem Unternehmensgrundsatz, dass die Mitarbeitenden das grösste Vermögen des Unternehmens sind - auch in wirtschaftlich schwierigen Zeiten. Anders als in vielen anderen Firmen, wo die Rezession Manager mit autoritärem Führungsstil zurück an die Macht bringt, Weiterbildungsbudgets gekürzt und die Kompetenzen der Mitarbeitenden wieder eingeschränkt werden, will man die Betroffenen zu Beteiligten machen, denn es ist wichtig, dass die Mitarbeitenden den Sinn und Zweck dessen einsehen, was sie tun".

Personalarbeit ist dann besonders erfolgreich, wenn sie Arbeitsplätze sichert - denn es darf doch nicht sein, dass Unternehmen wider Willen Mitarbeitende entlassen müssen, nur weil die Fixkosten zu gegebener Zeit nicht mehr zu bezahlen sind. "Pay at a risk" nennt sich ein flexibles, nach unten offenes Entlöhnungsmodell, das vielfach favorisiert wird. Dies mag auch ein Grund dafür sein, dass Unternehmen weitaus besser mit den schwierigen Marktverhältnissen zurechtkommen als die nicht flexiblen.

Statt die Arbeitszeit generell zu senken, bieten fortschrittliche Unternehmen einen Zeit- und Wertausgleich: Die Bezahlung erfolgt auf der Basis von 37 Stunden, obwohl nach wie vor 40 Stunden gearbeitet werden. Die zu viel geleisteten Stunden können jedoch als Freizeit, Beitrag zur Frühpensionierung, ein "Sabbatical" oder in Geld wieder bezogen werden.

Das Konzept <Workplace of the Future> geht jedoch weiter als bis zur Frage der Gehälter. So werden beispielsweise Grossraumbüros in <Teaminseln> umgestaltet. Der Verzicht auf geschlossene Türen fördert die Kommunikation. Das Unternehmen muss sich dem Tempo anpassen, in dem sich die Welt verändert - Dienstwege einzuhalten, würde in manchen Situationen viel zu lange dauern. Die Schreibtische der Führungskräfte stehen deshalb allesamt nicht isoliert, sondern in den Teaminseln, die mit Trennwänden abgeteilt sind.

Von Führungskräften, die sich im Rang nicht formal, aber nach Umfang von Verantwortung und Gehalt unterscheiden, erwartet man daher auch ein neues Karriere-verständnis, das auch einen horizontalen Wechsel des Verantwortungsbereichs als Fortschritt begreift, da fortschrittliche Unternehmen ihre Aufgaben erfolgreich mit Projektteams lösen, die quer durch alle Fachbereiche und längs aller Funktionsstufen besetzt sind. Auch in Bezug auf flexible Arbeitszeitmodelle und optimierte Arbeitsorganisation müssen Unternehmen neue Wege beschreiten. Warum sollte jemand mit den heutigen digitalen Technologien nicht zu Hause arbeiten? Wer zu Hause oder in kleinen Gruppen an seinem Wohnort arbeitet, belastet weder die Infrastruktur noch die Umwelt mit unnötigen Fahrten.

Solche Formen der Arbeitsorganisation setzen allerdings ein hohes Mass an Vertrauen in die Mitarbeitenden voraus.

Lebenslanges Lernen ist nötig, um das Unternehmen konkurrenzfähig zu erhalten. Die Verantwortung dafür liegt bei den Mitarbeitenden und selbst. Die Vorgesetzten sind die Berater, das Unternehmen bietet die Möglichkeiten dazu.“

Der Erfolg bestätigt die Richtigkeit eines Bekenntnisses zu innovativer Personalarbeit: Die Auswirkungen spüren sowohl die Kunden, aber auch die Besitzer des Unternehmens sollen davon profitieren: angestrebt wird der beste Return on Investment, die besten Mitarbeitenden und deren höchste Zufriedenheit.

Solche visionären Konzepte basieren jedoch darauf, dass Führung auf Kompetenz statt auf Macht gründet und den Mitarbeitenden grösstmögliche Verantwortung zugestanden wird.

Small is beautiful

In einer Stanford Studie aus dem Jahre 1977 wird bereits ausgeführt, dass soziale Systeme, wie z. B. Unternehmen, umso weniger von einem Individuum verstanden und beeinflusst werden können, je grösser, komplexer und dynamischer sie werden.

Demzufolge nimmt auch der Experteneinfluss bei den Entscheidungsprozessen zu und der Koordinations- und Kontrollaufwand steigt überproportional. Die Einführung von formalen Managementmethoden und Systemen führt zur Rationalisierung zwischenmenschlicher Beziehungen und die Entfremdung der Mitarbeiter wächst. Dies kann dazu führen, dass die Legitimität der grundlegenden Führungsziele in Frage gestellt wird. Die Anzahl und die Bedeutung von unerwarteten und unvorhersagbaren Handlungskonsequenzen nimmt zu, während die Fähigkeit, flexibel zu agieren und zu reagieren jedoch massiv zurückgeht.

Die Innovationsfähigkeit des Systems ist stark eingeschränkt. Ein solches System ist ausserordentlich verletzlich gegenüber gefährdenden Einflüssen von aussen, die Zeichen des "schleichenden Verfalls" werden jedoch von der Mehrheit der Mitglieder noch gar nicht wahrgenommen.

Nicht wenige kritische Geister sind daher der Ansicht, dass das Management in Wirtschaft, Politik und Gesundheitswesen versagt hat, ja aufgrund seiner Struktur und Ausrichtung auf Wachstum ins immer Grössere, ja bis ins Gigantische, versagen musste.

Der Psychiater und Kreativitätsforscher Gottlieb Guntern hat für diese, in der Wirtschaft lange vorherrschende Maxime, ein eindrucksvolles Bild geprägt. Er plädiert dafür, so schnell wie möglich die Dinosaurier- mit der Schmetterlingsmentalität zu vertauschen.

Unternehmen, die sich als gierige Gesellschaften einzig auf das Besitz- und Machtdenken konzentrieren, verhalten sich wie Dinosaurier; ihnen stehen schlechte Zeiten ins Haus, denn wie jenen im Laufe der Evolutionsgeschichte ihre Grösse zum Verhängnis wurde, macht der Gigantismus die operationellen Organisationseinheiten von Unternehmen blind und die zentralistische Führung lässt die Strukturen erstarren, so dass sich solche Organisationen bei geringsten wirtschaftlichen Veränderungen mangels Wahrnehmungsvermögen und Flexibilität nicht rechtzeitig anpassen können. Als Hauptursache für das Versagen der Leadership in diesem Zusammenhang sieht Guntern das zu ausgeprägt rationale und analytische Denken, welches dazu führt, dass der Manager mehrheitlich Teile anstatt das Ganze sieht. Im Weiteren denkt und handelt er in einer Art Aktionsmodus und konzentriert sich auf Quantitatives.

Der Gigantomanie der Dinosaurier stellt Guntern die Spezies der Schmetterlinge gegenüber, deren ausserordentliche Anpassungsfähigkeit ihr immer wieder das Überleben unter veränderten Umweltbedingungen ermöglicht hat, denn anders als bei den Dinosauriern hat sich die evolutionsgeschichtliche Entwicklung der Schmetterlinge nie auf eine einzige Variable konzentriert. Der Schmetterling ist vielmehr ein Verwandlungskünstler, welcher weder die Muskelkraft maximiert noch sich auf Farbeffekte konzentriert, sondern der ausgezeichnet zwischen allen essentiellen Variablen zu balancieren versteht, die sein Überleben sichern. Um das Bild weiterzuführen, können sich demnach Unternehmen, welche sich eine Schmetterlingsmentalität zu eigen machen, in den Märkten wesentlich besser behaupten, indem sie die unmittelbaren wirtschaftlichen Veränderungen sofort wahrnehmen und mit ihrer grossartigen Virtuosität, welche sich durch eine globale Kompetenzstruktur manifestiert, die Veränderungsprozesse selbst bestimmen.

"Small is beautiful" gilt also auch als Leitlinie für eine erfolgsorientierte unternehmerische Zukunftsausrichtung. Die Lebensfähigkeit grosser Unternehmen wird in einem Revitalisierungsprozess bedeutend gestärkt durch die organisatorische Zergliederung in autonome, überschaubare und je für sich selbst Verantwortung tragende Organisationseinheiten. Eine solche Aufgliederung setzt jedoch voraus, dass das Management Abstand nimmt vom Machtdenken in kumulierten Grössenmassstäben und die Macht an sich dorthin delegiert, wo nach dem ökonomischen Grundprinzip mit möglichst wenig möglichst viel erzielt wird.

Die neue Erfolgsformel: Das Kerngeschäft-Splitting

Der Weg zur Rückgewinnung von Flexibilität und wirtschaftlicher Selbsterhaltung führt für zahlreiche unternehmerische Grosskonglomerate bereits heute über eine Aufgliederung der Geschäftsbereiche in überschaubare und selbstverantwortliche Profit Centers. Der Revitalisierungsprozess wird strukturell vollzogen, bis zur letzten Konsequenz:

Die Rückbesinnung auf die Kerngeschäfte.

Vielfach ist zu beobachten, dass sich ehemals diversifikationsfreudige Unternehmen von ihren "Bräuten" trennen, weil sie, in Zeiten der Hochkonjunktur angeworben, in der Rezession infolge Mangels an Konzentrationskapazität nicht mehr die erwarteten Erfolge bringen.

Nachdem Eastman Kodak die Kernsparte Imaging durch verschiedene "Diversifikationsabenteuer" (NZZ, 1. 2.1994) in den 80er Jahren vernachlässigt hatte, versucht man während der letzten Jahre verstärkt, dieses Kerngeschäft wieder in Schwung zu bringen. Seit einiger Zeit versucht das Unternehmen daher, strategischen Ballast abzuwerfen, wozu auch das Chemiegeschäft gehört. Die in jüngerer Zeit eingeleiteten Revitalisierungsversuche gingen den Investoren jedoch nicht weit genug, so dass 1993 der zwar überaus innovationsfreudige, jedoch techniklastige Firmenchef Whitmore vom bisherigen Motorola-Chef Fisher abgelöst wurde, der sich im Kontrast zu Whitmore in erster Linie an den Kundenbedürfnissen zu orientieren sucht.

Noch flexibler strukturierte Unternehmen pflegen sogar das Kerngeschäft-Splitting und verpassen dieser Strategie noch das "Radical Redesign". Diese neue Managementidee stammt aus den USA. Im Ge-gensatz zu den mannigfaltigen "Schlankheitskuren" wie "Lean Management", "Lean Production" etc., wirkt Radical Redesign oder Re-engineering wie eine Radikalkur: erbarmungslos, aber schnell. Der Redesign-Pionier James Champy beschreibt die Grundlagen dieser neuen Philosophie als Mitautor von "Reengineering the Corporation" wie folgt: "Sanieren heisst, mit weniger noch weniger zu machen. Redesign bebedeutet dagegen, mit weniger mehr zu erreichen".

Der Name ist Programm. Kernidee Nummer eins ist die kompromiss-lose Zerschlagung ineffizienter Strukturen und der Neuaufbau aller wichtigen Abläufe im Unternehmen, denn überleben wird nur, wer seine Wertschöpfungsprozesse kennt.

Radical Redesign verändert nicht in kleinen Schritten, sondern nach dem Motto: alles oder nichts. Erste Erfolge zeigen, dass Lahme zu Sprintern, Müde zu Frischen und Verlierer zu Siegern und Vorgesetzte zu "No-bodys" werden. Warum?

Firmen, die im Wettbewerb mithalten wollen, müssen ihrer Arbeitsabläufe völlig neugestalten. Beim Radical Redesign kommt den Mitarbeiter eine Schlüsselrolle bei der Neuorganisation der Arbeitsprozesse zu: mit ihrer Hilfe werden aus bis zu 100 Arbeitsschritten diejenigen herausgefiltert, welche tatsächlich zur Wertschöpfung beitragen. Alle überflüssigen Geschäftigkeiten oder Gegenstände, die nicht der Wertschöpfung dienen, werden ausgemerzt. Erfolge werden meist sehr bald spürbar, sei es in Form Steigerung der Produktivität (um bis zu 70%), Verkürzung der Durchlaufzeiten (um bis zu 40%), Ergebnisverbesserungen (um bis zu 30% vom Umsatz in Jahresfrist), nicht zuletzt aber auch in Form von neugewonnener Motivation und körperlicher wie organisatorischer Erleichterung der Arbeit für die Mitarbeiter.

Ein eindrucksvolles Beispiel für die Effizienz des Radical Redesign stellt die Neustrukturierung der Vertriebsorganisation Polymere im Auftrag des Chemiekonzerns Ciba dar, für die sich der deutsche Unternehmensberater Jens Martin Lohse von der CSC Index in München verantwortlich zeichnet.

Die alten, komplexen Strukturen der europaweiten Auftragsabwicklung in der Division Polymere sind inzwischen völlig aufgelöst. Während bisher jede der Tochterfirmen in 17 Ländern Kundenaufträge von der Planung über die Abwicklung, von der Lagerhaltung bis zur Logistik eigenständig bearbeitete, wurde nun eine europäische Infrastruktur geschaffen, die alle europäischen Tochterfirmen gemeinsam nutzen können. Die 40.000 unterschiedlichen Produktvarianten wurden auf 2000 Verkaufsprodukte reduziert, so dass auch die Lager von ursprünglich 28 auf sechs reduziert werden konnten. Die neue Struktur soll nicht nur Kosten in der Höhe von ca. 30 Mio. SFr. jährlich einsparen, sondern auch zu einer beträchtlichen Zeitersparnis führen, wenn es darum geht, ein bestimmtes Produkt, das im jeweiligen Land gerade nicht lieferbar ist, innerhalb Europas zu beschaffen. "Was früher bis zu fünf Tage dauerte, kann der Mitarbeiter heute in fünf Minuten erledigen", so Lohse. Damit einher geht selbstverständlich auch eine erweiterte Verantwortung des Mitarbeiters. Beeinflusste er bislang mit seiner Tätigkeit den Gewinn der nationalen Gesellschaft, so steuert er nun zum gesamteuropäischen Ergebnis bei.

Kernidee Nummer zwei ist also: Service steht künftig im Mittelpunkt der Unternehmensphilosophie. Lieferzuverlässigkeit und Kundennähe verdrängen die Kapazitäts-auslastung als wichtigste Steuerungskennzahl. Bisher greift Redesign bei drei Typen von Unternehmen:

a) Unternehmen in existenzbedrohenden Krisen

b) Das Management erkennt frühzeitig Probleme,
wie z. B. veränderte Kundenwünsche oder Umweltfragen

c) Unternehmen, die sich in Hochform befinden, und Redesign als Chance begreifen, den Wettbewerbsvor sprung auszubauen

Redesign kann zu 30% mehr Wettbewerbsfähigkeit führen oder zu 30% Personalabbau" - "wer mit Redesign arbeitet, setzt Standards, denen die Wettbewerber folgen müssen.

Fazit: *Der Gütestempel einer wirklich erfolgreichen Firma ist die Bereitschaft, das aufzugeben, was in der Vergangenheit zum Erfolg geführt hat.(J. Champy und M. Hammer)*

Ein hartes Schicksal hält das Radical Redesign für eine komplette Berufsgruppe bereit: Das Mittlere Management kommt unter die Räder, denn den Managern wird Verantwortung und Macht entzogen. Statt eines Abteilungsleiters sowie zahlreicher Sachbearbeiter und Referenten sind die redesignten Mitarbeiter nun selbst von der Arbeitsvorbereitung bis zur Qualitätskontrolle und den Vertrieb für die gesamte Wertschöpfungskette eines ausgewählten Produktes verantwortlich. Dabei arbeiten sie zielgruppengenau für ein bestimmtes Produkt und/oder einen bestimmten Kundenkreis.

Daraus folgt aber auch, dass der Begriff "Karriere" völlig neu definiert werden muss. "Wachsen ohne aufzusteigen, heisst das Prinzip der Zukunft" (M. Höchsmann). Ob alle Führungskräfte solchen neuen Anforderungen genügen werden, ist mehr als fraglich, denn der Aufstieg über "Seilschaften" ist passé, und "Bergführer" werden ins Flachland versetzt.

Der Management-Guru Peter F. Drucker meint, Manager sprächen immer noch zu viel über Leute, die an sie "berichten". Er ist der Meinung, dieses Wort sollte aus dem Managementvokabular gestrichen werden. Anstelle von Weisungsbefugnis tritt Information.

Experten sind darüber hinaus der Ansicht, dass für Bewertung und "Aufstieg" des Mitarbeiters künftig nicht mehr der Vorgesetzte, sondern die Kunden zum einen, das Arbeitsteam des Mitarbeiters zum anderen herangezogen werden.

Wer die unternehmerische Zukunft souverän meistern will, sollte sich in seinem marktorientierten Denken und Handeln von folgenden Überlegungen leiten lassen:

- **Entwickeln eines Spürsinns oder Feelings für die Markttrends**

- **Wahl des richtigen Zeitpunktes für die Entwicklung von Produkten oder Dienstleistungen, welche der Markt unmittelbar verlangt**

- **Intensivieren des Bestrebens, eigene Produkte und Dienstleistungen ständig zu verbessern und zu erneuern**

- **Konzentration auf die Herstellung von Produkten, für die im Betrieb das nötige Know-how vorhanden ist**

- **Unablässiges Experimentieren, auch wenn dabei Fehler unter-laufen**

- **Aufgaben rascher anpacken und nicht "zu Tode analysieren"**

- **Erkenntnis, dass insbesondere Klein- und Mittelbetriebe intensiver kooperieren müssen und zu den einschlägigen Entwicklungszentren eine gute Verbindung notwendig ist**

- **Einsicht, dass ein sehr bedeutendes Innovationsfeld durch die Verwendung der Mikroelektronik in konventionellen Technologien vorhanden ist**

- **Konzentration der Kräfte auf die Verstärkung der Marktpräsenz durch Intensivieren der persönlichen Kontakte mit den Ab-nehmern**

- **Realisierung ökologisch sinnvoller Investitionen, welche sich langfristig auszahlen**

Die zukünftige Entwicklung eines jeden Unternehmen hängt auch in bedeutendem Mass vom Technologieverständnis ab, zu dem insbesondere folgende Gedankengänge zählen:

- **Betrachtung des Unternehmens als "technologische Einheit"**
- **Verständnis für die Informationstechnik**

- **Einsicht, dass sich die Industrie insgesamt auf höherem Niveau fortentwickelt**
- **Intensives Engagement in neue Technologien, einschliesslich Umwelttechnologien**
- **Einsicht, dass ein sehr bedeutendes Innovationsfeld durch die Verwendung der Mikroelektronik in konventionellen Technologien vorhanden ist**
- **Konzentration der Kräfte auf die Verstärkung der Marktpräsenz durch Intensivieren der persönlichen Kontakte mit den Ab-nehmern**
- **Realisierung ökologisch sinnvoller Investitionen, welche sich langfristig auszahlen**

Die zukünftige Entwicklung eines jeden Unternehmen hängt auch in bedeutendem Mass vom Technologieverständnis ab, zu dem insbesondere folgende Gedankengänge zählen:

- **Betrachtung des Unternehmens als "technologische Einheit"**
- **Verständnis für die Informationstechnik**
- **Einsicht, dass sich die Industrie insgesamt auf höherem Niveau fortentwickelt**
- **Intensives Engagement in neue Technologien, einschliesslich Umwelttechnologien**

KAPITEL 4

Kompetenznetzwerk – zur Steigerung der Unternehmensperformance

Die Unternehmensperformance - also das Kräftepotential, mit welchem sich das Unternehmen dem Markt und seiner Facettierung stellt - wird weitestgehend vom geschickten Einsatz der Finanzen in das Mitarbeiterpotential und die Leistungsstruktur geprägt. Insofern durchläuft das Unternehmen die Stadien vom materiellen Einsatz zum immateriellen "Menschpotential", das seinerseits wiederum aus dem Einsatz der Mittel materielle Wertschöpfung schafft.

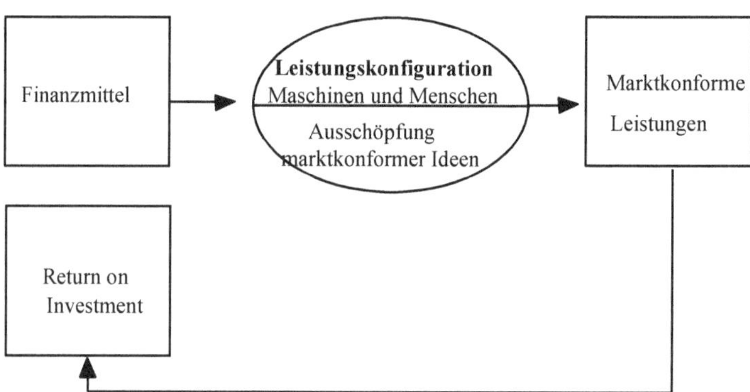

Wer nach der marktorientierten Unternehmensperformance strebt, muss die unternehmerische Bereitschaft haben, ein flexibles, wandlungsoffenes, innovatives und mithin auch lernendes Unternehmen zu konfigurieren. Dazu gehört auch das Bewusstsein, dass sich ein statisches Unternehmen in dynamischen Märkten selbst an die Peripherie verdrängen lässt und dann eine Strategie der Schadensminimierung betreibt, was genauso viel Kraft braucht, wie sich als Marktgewinner einer Maximierungspolitik zuzuwenden.

Marktorientierte Leistungsausrichtung bedeutet nicht, in den Kategorien der Egozentrik zu denken, sondern sich vorzustellen, was der Markt "denkt", bzw. zum Bedürfnis erklärt.

Dynamik im Unternehmen will aber auch durch die Wegnahme von Ängsten bei den Beschäftigten gefördert bzw. erhalten werden. Die Bereitschaft dazu ist jedoch vielerorts nur vordergründig vorhanden, denn der Faktor Angst dient nach wie vor, getreu patriarchalischer Führungsmuster, zur Selbsterhaltung eigener Führungspositionen.

So sind die eigentlichen "Angsthasen" eben jene Manager, welche es verstehen, eine ich-orientierte Leistungsperformance durch geschickte Nutzung der Angstmechanismen aufrechtzuerhalten. Sie untergraben dadurch Initiative, Kreativität und Verantwortungsbewusstsein in breiten Schichten der Mitarbeiterschaft.

In ähnlicher Weise sieht der Preisträger für innovative Unternehmensführung und Swatch-Erfinder Nicolas G. Hayek viele Manager, denn er meint, die meisten seien verbeamtete Bürokraten ohne Risikobereitschaft. Hauptsache sei ihnen, dass die kurzfristige Bilanz stimme.

Wer dagegen die marktorientierte Unternehmensperformance im Sinne eines effektiver arbeitenden Unternehmens ausschöpfen will, muss dies auf einer geistigen Grundlage eines Synergienetzes von Beziehungs-, Informations- und Kooperationsstrukturen schaffen, die über die wichtigsten Performance-Träger einen ständigen Feed-back zwischen Markt und Unternehmen ermöglichen.

Performanceträger eines Unternehmens

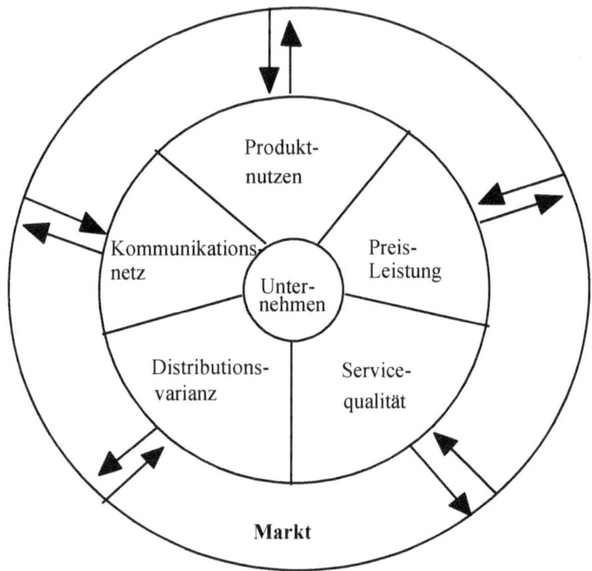

Wer den Weg zur marktorientierten Unternehmensperformance zielstrebig gehen will, muss auch die Bereitschaft haben, sich im Denken und Handeln von traditionell Gewachsenem zu lösen, ohne dabei die Vergangenheit abrupt preiszugeben. Die Unternehmen brauchen nämlich keinen "Kulturschock", sondern vielmehr einen Entwicklungsschub. Dieser beginnt als Idee in den Köpfen der Menschen und setzt sich fort durch zielstrebiges Beharren auf deren Umsetzung.

Kompetentes und glaubwürdiges Öko-Management und Öko-Technologien sind für eine marktorientierte Unternehmensperformance eine absolute Voraussetzung. Der Zeitgeist will es, dass praktisch alle Unternehmungen in irgendeiner Weise von Umweltfragen berührt werden. Hauptstossrichtungen sind die wachsende Zahl von Umweltgesetzen, welche sich als externe Beeinflussungsfaktoren bemerkbar machen, das gewachsene umweltbewusste Käuferverhalten und schliesslich auch der moralische Druck durch die Öffentlichkeit.

Praktisch jede Organisationsentwicklung von der Produktgestaltung über die Produktion, die Materialwirtschaft, das Marketing bis zum Vertrieb und den Public Relations muss sich heute mit den verschiedenartigsten Umweltfragen befassen und die "Altlasten" vergangener Geschäftsperioden in umweltverträglichem Sinne lösen.

Das Öko-Management ist also weit davon entfernt, eine reine "Mode-erscheinung" oder ein "Werbegag" zu sein. Das Öko-Management muss demzufolge von allen Führungskräften verstanden und ernstgenommen werden. Über die verschiedensten Kommunikationskanäle müssen alle Mitarbeiter von ökologischer Denkweise und Strategie erfasst werden. Ein derart aufbereitetes Gedankengut wird dann schliesslich auch das Verhalten der Mitarbeiter nachhaltig beeinflussen. Getragen von moralischem und ethischem Verantwortungsbewusstsein, kann jedes Unternehmen eine glaubhafte Ökobilanz vorzeigen, welche mindestens die folgenden Kriterien enthält:

- Umweltverträglichkeit aller Produkte und Services
- Umweltschonung durch sorgfältigen Umgang mit Ressourcen

- Umweltschutz und -verbesserung durch Eliminieren von "Altlasten"

Das Umweltbewusstsein ist heute ein wichtiger Teil jeder Unternehmenspolitik. Die immateriellen Werte, zu denen die Verpflichtung gehört, den nachfolgenden Generationen eine intakte Umwelt zu erhalten, bringen auch eine materielle Wertschöpfung mit sich. Umweltschutz ist also ein Wachstumsmarkt par excellence. Allein in der BRD rechnet man mit einem jährlichen Umsatzwachstum von wenigstens 26 Milliarden Euro. Den Investitionsbedarf in den neuen Bundesländern schätzt das Deutsche Institut für Wirtschaftsforschung bis zum Jahre 2005 auf 245 Milliarden Euro als unteren Grenzwert. Der Produkte- und Dienstleistungsumfang im Umweltsektor ist beeindruckend und umfasst derzeit:

- Wasseraufbereitung
- Abwasserbehandlung
- Abfallwirtschaft
- Luftreinhaltung
- Lärmdämmung
- Energieeinsparung und Erforschung neuer Technologien
- Warn-, Regel- und Steuerungstechnik
- Planung und Beratung

Die Ruhrkohle Umwelt GmbH in Bottrop hat sich in wenigen Jahren zu einem der führenden deutschen und europäischen Entsorgungsunternehmen entwickelt. Sie beschäftigt etwa 3000 Mitarbeiter und erzielt einen Umsatz von fast einer Milliarde Euro.

Auf die Kompetenzstruktur bezogen heisst dies nichts anderes, als dass durch die soziale Kompetenz in der Einsicht, die Umwelt lebenswert zu erhalten, auch die Fach- und Methodenkompetenz aller Mitarbeiter in den nächsten Jahren gewaltig verbessert werden muss.

Die zunehmende Konformität unternehmerischer Leistung

In der traditionellen Marketingliteratur wird immer wieder angeführt, wie wichtig es für ein Unternehmen wäre, Produkte oder Dienstleistungen anzubieten, welche einen eigenen USP (Unique Selling Proposition) hätten. Produkte und Dienstleistungen mit einem USP tragen zu einer unver-wechselbaren Unternehmensprofilierung bei.

Doch wie sieht eigentlich die Wirklichkeit aus? Ein USP ist ja grundsätzlich das Resultat der Umsetzung einer kreativen Idee. Die Kreativität an sich ergibt sich aus der Eigenart des Verstandes, der ein informationsverarbeitendes System ist. Die Nutzung dieses Systems ist grundsätzlich allen Menschen offen, der Verstand unterliegt aber als sich selbst organisierendes Informationssystem unweigerlich einem Muster bildenden System. Muster bildende Systeme sind sehr wirkungsvoll, haben aber ihre Vor- und Nachteile.

Ein besonderer Nachteil ist die Tatsache, dass ein solches Muster bildendes System sich weitestgehend dem vertikalen Denken unterordnet. Damit wird die Differenzierung von Produkten oder

Dienst-leistungen, welche ja ihren Ursprung immer in der Umsetzung einer kreativen Idee haben, systematisch erschwert.

Dies zunächst aus der Tatsache, dass sich alle Unternehmen gleicher wissenschaftlicher Erkenntnisse und technischer Normen bedienen, und dann den Versuch unternehmen, schöner, besser, schneller und allenfalls preiswerter zu sein als die Konkurrenz. Solche vertikale Logik führt zur Absurdität, dass der USP zum CSP (Common Selling Proposition) wird. Ergebnis:

In den ohnehin vielfach gesättigten Märkten herrscht praktisch totale Produkte-, Dienstleistungs-, Komponenten-, Leistungs-, Verbrauchs- und Preisgleichheit.

Diese Entwicklung wurde in den vergangenen 10 Jahren noch rasant unterstützt durch den Computereinsatz mittels CAD, CIM und CAM.

Wohin führt dieses Verharren in der CSP-Spirale? Folgt man der Beobachtung verschiedener Produktgruppen in verschiedenen Märkten, so gelangt man unweigerlich zum Schluss, dass praktisch alles dem Gleichheitsprinzip unterliegt. Hiermit treten dann auch die Schwierigkeiten auf, dass die Konsumenten grosse Differenzierungsschwierigkeiten haben, was wiederum dazu führt, dass der Abverkauf über eine Reduktion der Wertschöpfung stimuliert werden muss. Da wiederum alle diesem Gesetz der Profillosigkeit frönen, wird die Differenzierung abermals verwässert.

Produktions- und Technologieallianzen zementieren die Konformität

Der Ausweg aus dem Dilemma der Gleichheit führt auch nicht über Produktions- und Technologieallianzen. Durch solche Kooperationen kann man zwar kurzfristig zusätzliche Wertschöpfung durch kosten-günstigere F & E sowie Produktion erzielen, erwirbt sich aber auch den Nachteil, die Eigenständigkeit in Tranchen aufzugeben. Solche Kooperations- und Technologieallianzen können zu Katalysatoren der Konformität werden.

Vielfach werden solche Allianzen auch gebildet, um sich der eigenen Verantwortung der Profilierung zu entziehen - dies wiederum eingedenk verkrusteter Systeme oder aus Mangel an Managementkompetenz.

Qualitäts- und Leistungsnormierung verstärken den Synonymeffekt

Aus der Sicht der Konsumenten mag ja insbesondere die Qualitätsnormierung ein gewisser Pluspunkt bei der Kaufwahl sein, doch gerade in dieser Hinsicht müsste vermehrt geprüft werden, ob die Qualitätsnormen als Kriterien der Profilierung und des Wettbewerbs wirklich so extrem ausgereizt werden müssen.

Unbestritten ist, dass einige vom Europäischen Rat beschlossenen Normierungsregelungen durchaus kabarettistische Züge haben. Besonders in der Agrarpolitik häufen sich die Normierungsauswüchse, als Ergebnis eines ausgekungelten Marktes, auf dem jedes der 12 Mitgliedsländer die gleichen Chancen haben will.

Der Regelungswahn macht selbst vor der Normierung des Durchmessers von Äpfeln oder der optimalen Krümmung von Gurken nicht halt.

Von den Euro-Richtlinien wurden bereits 1992 umgesetzt:

Deutschland	*85,7%*	*Irland*	*90,3%*
Griechenland	*90,8%*	*Belgien*	*88%*
Luxemburg	*87,8%*	*Italien*	*91,7%*
Portugal	*87,8%*	*Frankreich*	*91,2%*
Niederlande	*90%*	*Dänemark*	*94,2%*
Grossbritannien	*90,7%*	*Spanien*	*87%*

Quelle: 10. Jahresbericht über die Kontrolle des Gemeinschaftsrechts, publiziert in Focus, 7/1994

Vielfach ist unser europäisches Streben <so gut wie möglich> gar nicht sinnvoll, weil kaum mehr bezahlbar oder aus Umweltgründen kaum mehr verantwortbar. <So gut wie nötig> wäre die für die Zukunft wohl wettbewerbsfähigere Formel. Die EU ist ein Konstrukt multikultureller Länder mit einer enorm grossen Sprachvielfalt. Die Kompetenzen sollten lediglich in den Bereichen Gesundheitswesen, Verkehr und Transport, Bildung, digitaler Netzberieb, Sicherheit, gemeinsamer Währung und Umweltschutz koordiniert werden. Die EU schwächelt vor allem deshalb, weil man im Rausch eines falsch verstandenen Perfektionismus das Ziel verfehlt <think global – act local>. Gerade die Vielfalt macht Europa gegenüber anderen Kontinenten und Ländern stärker. Ein autonomer Ausgleichsfonds sollte wirtschaftlich schwächeren Ländern helfen, ihre Wirtschaftsstärke entwickeln zu können. Der Aus-

gleichsfonds muss länderunabhängig sein und gezielt wirtschaftliche Auf- und Ausbauprogramme finanzieren. Die Haushaltsausgaben für die Verwaltungen dürfen nicht höher als 20% aller Ausgaben sein. Es ist wichtig für den Fortschritt der EU, endlich mit der Reorganisation zu beginnen und die Gefahr weiterer Brexits zu bannen.

Das ganzheitliche Erkennen unternehmerischer

Erfolgspotenziale

Um das Bedürfnis der Konsumenten nach kreativen, intelligenten und ökologischen Angeboten - Produkte oder Dienstleistungen - zu erfüllen, müssen Unternehmen danach trachten, ihre Erfolgspotenziale frühzeitig zu erkennen. Ein verantwortungsvoller Umgang mit Materialien, Energie, Sinnhaftigkeit und Nutzenstiftung werden als Faktoren der Glaubwürdigkeit zu entscheidenden Wettbewerbsvorteilen.

Manager werden in Zukunft nicht mehr dafür bezahlt, das, was sie tun, so richtig wie möglich zu tun. Manager werden vielmehr dafür eingesetzt werden, um herauszufinden, ob überhaupt die richtigen Dinge getan werden und welches diese sind.

Dieses Grundgesetz basiert auf dem Willen, durch Denken den dominierenden Mustern zu entrinnen, und zu akzeptieren, dass ein Gedanke allein niemals die einzige und beste Anordnung von Informationen sein kann.

Insofern können die in Kapitel 2 aufgeführten Turbulenzfaktoren als schöpferischer Input für die unternehmerische Leistungsperformance aufgefasst und zum Katalysator für innovative Prozesse transformiert werden. Instabilität führt zu Spannungsfeldern und erzeugt Konfliktpotential; sie zwingt zur Flexibilität, eine ganzheitliche Betrachtungsweise gewinnt auf allen Ebenen an Bedeutung.

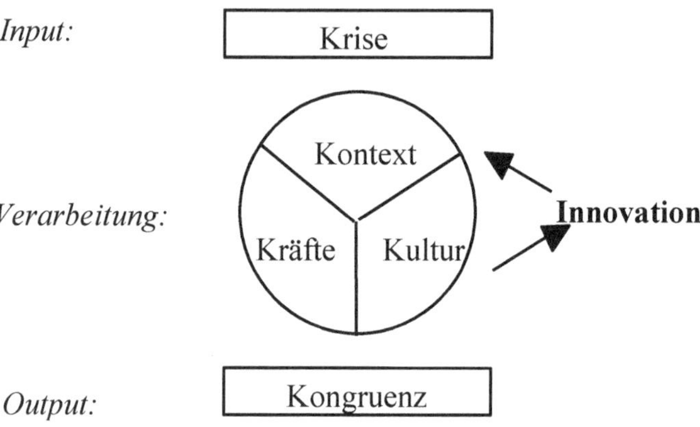

Innovation und Bereitschaft zu unkonventionellem Denken - die bisher getrennten Kategorien von Unternehmensphilosophie, dem Produktemix und Personalfragen etc. miteinander verbindend - wird somit immer mehr zum bestimmenden Wettbewerbsfaktor.

Innovation ist ein Vorgang mit einer rationalen, emotional-sozialen und intuitiven Komponente. Keine andere Führungsaufgabe erfordert einen so hohen Anteil ganzheitlichen Denkens wie das Herstellen eines kreativen Umfeldes.

Führen heisst also, die Kräfte des Unternehmens auf die Erfolgspotenziale zu lenken. Um jedoch die Kräfte eines Unternehmens optimal einsetzen zu können, müssen sie zuerst erkannt werden.

Dies erfordert ein ganzheitliches Denken. Die moderne Führungsrolle wird von der, einer Aufgabe am besten angepassten Zusammensetzung von Fach-, Methoden- und Sozialkompetenz bestimmt.

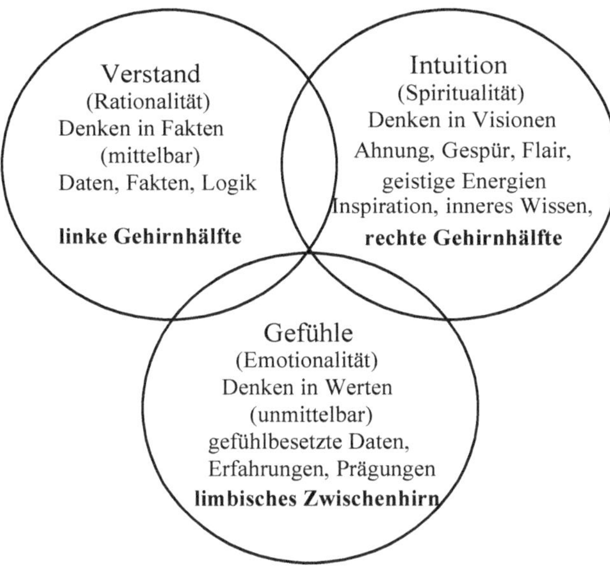

Die Konsumenten

als Identifikationsträger unternehmerischer Leitgedanken

Die Konsumenten sind durch die Medien zweifelsohne über Produkte und ihre Leistungen erheblich besser informiert. Konsumenten reagieren aber auch bedürfnisorientierter und umweltbewusster. Verhaltensweisen wie Prestigedenken, Statussymbolik und Kaufrausch gehören der Ver-gangenheit an. Das erste Grundgesetz für eine kundenorientierte Leistungsausrichtung lässt sich wie folgt formulieren:

Neue Leitmaximen für den Kauf von Gütern und Leistungen sind erheblich stärker an die Solidarität mit den Maximen eines Unternehmens, dessen Leitbilder, Unterneh-menspolitik und unternehmerische Vision, aber auch an die Originalität der Produkte und Leistungen gebunden.

Gerade diese Originalität ist ja das Einmalige, das Witzige, das Überraschende, das Nonkonforme, also der Ausbruch aus den herkömmlichen Systemen. Das zweite Grundgesetz für die Manager lautet demzufolge:

Sicherstellung des unternehmerischen Fortschrittes durch Erzeugen einer Umgebung mit einer gewissen kreativen Unruhe und den Wahrnehmungsfähigkeiten für kommende Trends.

Der Trend geht zu Trendbeobachtungen und Trend-Tagen, von denen sich führende Manager Aufschluss über die gewünschten Entwicklungen von Seiten der Kunden erwarten. Doch diese werden immer unberechenbarer. Moden, Stile, Einstellungen und Lifestyles werden immer kurzatmiger und unverbindlicher, das Käuferverhalten wird immer weniger vorhersagbar und entzieht sich somit einer langfristigen Vorausplanung.

Zurückzuführen sei dies, so heisst es aus Trendforscherkreisen, auf einen tiefgreifenden sozialen Wandel. Der deutsche Marketing-Geschäftsführer des Philip-Morris-Konzerns spricht von einer "Fragmentierung der Gesellschaft", der professionelle Trendbeobachter Stefan Maurer konstatiert, die Konsumenten seien in "Kleinstgruppen und Kleinstszenen" zersplittert.

Es liegt auf der Hand, dass dieser Umstand der Wirtschaft beträchtliche Probleme bereitet. Einerseits sind die Zielgruppen für die jeweiligen Angebote immer schwieriger zu orten, andererseits stellt das rechtzeitige Reagieren auf veränderte Konsumentenwünsche, so man sie erkennt, viele Unternehmen vor beinahe unlösbare Probleme hinsichtlich der Wirtschaftlichkeit Ihrer Produktentwicklungen. Zumindest versuchen jedoch inzwischen etliche erfolgreiche Unternehmen, mit einem angepassten Marketing auf neue Trends und Lebensstile zu reagieren. Diese sind jedoch chaotisch, unübersichtlich und nicht steuerbar. "Wir können Trends nicht machen, höchstens verstärken", lautet das Fazit Stefan Maurers.

Der Rat:

Die Szenen beobachten. Doch auch mit Trend-Monitoring oder Trend-Scouting, wie sich diese neue Dienstleistung nennt, bleibt die Frage nach den wichtigsten Trends der nahen Zukunft auch auf hochkarätigen Trend-Tagungen wie kürzlich in Frankfurt, unbeantwortet. In Zeiten der Rezession erhält der schnelle Trendwandel jedoch eine zusätzliche Brisanz. Geht es doch für nicht wenige Unternehmen nicht mehr nur um Marktanteile, sondern um die nackte Existenz.

Diese Entwicklung verlangt von den Führungskräften ein hohes Mass an Veränderungsbereitschaft, begleitet von Durchhaltefähigkeit und -willen. Veränderungen beschwören aber nicht selten Konflikte herauf, Konflikte mit Mitarbeitern wie auch Konsumenten, so dass die Konfliktlösungsfähigkeit mit zu den prioritären Kompetenzeigenschaften einer Führungskraft gehört.

Bei gleichen Produkten entscheidet der Sympathiekoeffizient

Das zwanghafte Streben nach pseudokreativen Produktentwicklungen treibt des Öfteren auch seltsame Blüten, da Produktion um jeden Preis angesichts globaler Umweltprobleme umso fragwürdiger erscheinen muss: Weshalb gibt es, so fragt man sich zurecht, Laser-Kugelschreiber um 300 Euro, Kaugummiautomaten mit einem Fassungsvermögen von 9000 Stück um 6500 Euro oder ähnliche Auswüchse des Hedonismus und des Überflusses, wenn es aber andererseits wirklich innovative Produkte wie Autos, welche nur 3l Benzin auf 100 km brauchen, Elektrofahrzeuge zu erschwinglichen Preisen oder Solarheizungen kaum gibt?

Weil der Markt das eine verlange, das andere andererseits zu wenig - so die Marketingmanager. Hier erhebt sich die Frage, ob wirklich die Konsumentinnen und Konsumenten daran schuld sind, dass immer mehr nutzlose, gesundheitsgefährdende und ökologisch zweifelhafte Produkte im Umlauf sind. Bestimmt die Nachfrage das Angebot, oder ist es genau umgekehrt?

In den letzten Jahren konnte man eine bedeutende Verschiebung im Kräfteverhältnis von Anbietern und Nachfragern feststellen. Die konsumfreudigen 80er Jahre waren die Jahre der Anbieter. Die Industrie konnte es sich leisten, umweltschonende Lösungen, wie z. B. die Entwicklung der Solartechnologie bis zur Marktreife, in den Testlabors einschlafen zu lassen. Dieser Verkäufermarkt hat sich in den 90er Jahren jedoch zu einem ausgeprägten Käufermarkt gewandelt. Der Kunde ist König, <Clienting> heisst das neue Zauberwort. Dieser Kunde ist hochinformiert, kritisch, von ökologischen Überzeugungen geprägt, anspruchsvoll, qualitätsbewusst, wählerisch und stellt sich bewusster als noch vor einigen Jahren die Frage: "Brauche ich das alles?"

Die Wünsche der Kunden gehen also eindeutig in die Richtung, mit möglichst wenig Energie- und Materialaufwand hergestellten Produkten, nach hoher Qualität, Lebensdauer und Wiederverwertbarkeit, nach Produkten, die einen Reparatur- oder Ersatzteilservice bieten oder solchen, bei denen der Weg zwischen Herstellung, Handel und Konsumenten möglichst klein ist.

Sieger in der Gunst der Kunden wird in diesem spannenden Wettbewerb wohl der werden, der es versteht, seine unternehmerischen Leistungen in dieser Informationsgesellschaft so kompetent einzubetten, dass er sich durch den Charakter seiner Produkte und Dienstleistungen sympathischer profiliert als die Konkurrenz.

Sympathie erlangen Produkte und Dienstleistungen dann, wenn sie den Vorstellungen der durch den Wertewandel völlig veränderten Konsumgesellschaft am ehesten entsprechen. Bedeutendste Sympathiekriterien sind Nutzenstiftung, Umweltverträglichkeit, Sicherheit, Sparsamkeit, Zuverlässigkeit und Preiswürdigkeit.

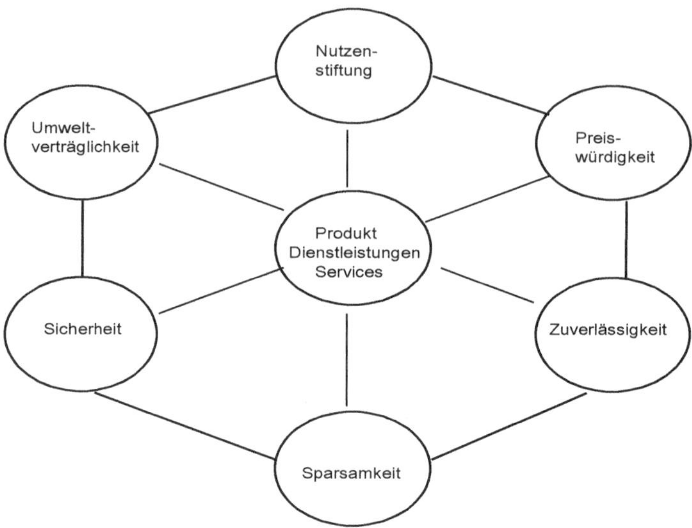

Dem Zeitgeist unserer Gesellschaft entsprechend, werden auch die Kreativität, der Innovationsgrad, die Originalität und Individualität wesentliche Bestimmungsfaktoren des individuellen Zuspruchs sein.

Zu den neuen Megatrends zählt auch die gegenwärtige Tatsache, dass der anonyme Konsument die Produkte und Leistungen jener Unternehmen bevorzugt, über die er etwas weiss oder etwas kennt, was ihm besonders sympathisch erscheint. Der Ausbruch aus der Gleichheit wird für Unternehmen also auch dadurch möglich, dass sie sich mit nicht traditionellen Methoden den Märkten präsentieren. Eine beliebte Form dieser Präsentation ist etwa das Sponsoring von Sport, Kultur und Umweltaktivitäten. Diese sekundäre Sympathieebene hat keinen kurzfristigen Charakter, sondern wirkt mittel- bis langfristig.

Letztlich wählt der Konsument ein Produkt, an welches eine bestimmte Gesinnung oder ein bestimmter Erlebniswert gebunden ist.

An der Frage, was die Qualität des Erlebniswertes ausmacht, scheiden sich allerdings die Geister. Vermutlich wird wohl ein individueller Wahrnehmungsraster die wichtigsten Kriterien liefern. Einige Richtwerte sind jedenfalls die folgenden Punkte:

- **Verbindung zur Erlebniswelt der Produkte und ihrem Nutzen**
- **animierende Atmosphäre**
- **innovative Kommunikationselemente**
- **Annäherung der Leistungspalette an den Life-style**
- **unterhaltende Werte**
- **Bezug zum Freizeitumfeld**

Die primäre Sympathieebene wird überdies heute vermehrt durch die sekundäre verstärkt, ja in manchen Produkt- und Servicebereichen sogar abgelöst. Zur Intensivierung des Beziehungsumfeldes der Konsumenten dient eben nicht nur die klassische Werbung, welche nach wie vor die primäre Sympathieebene beeinflusst, sondern einen viel grösseren Einfluss erlangen die Public Relations, die Sales Promotion, das Life- und Event Marketing, Szenen-Clubs, Lobbying und Sponsoring.

Mit dieser neuen Kommunikationsstrategie verfolgt man auch neue Ordnungsprinzipien zwischen Business Relations, Human

Relations, Political Relations und Environment Relations. In jeden Fall reichen die unternehmerischen Dialoge weit in das gesellschaftspolitische Umfeld, welches ja das Marktumfeld einer jeden Unternehmung darstellt. Die verschiedenen Kulturen und Subkulturen in unserer Gesellschaft nutzen nicht selten ihre Fähigkeit, gesellschaftliche Trends und Entwicklungen zu initiieren und wollen in dieser Funktion als künftige Dialogpartner der unternehmerischen Kommunikation nicht nur passive Botschaftsempfänger sein, sondern aktiv ihre Dialogfähigkeit einbringen.

Dieses Prinzip der aktiven Dialogkonsonanz wird in den USA seit geraumer Zeit unter dem Begriff <Issue Management> erfolgreich praktiziert. <Issue Management> kann als Vorwegnahme gesellschaftlicher Entwicklungen, Trends und Phänomene verstanden werden.

Durch die Interaktionsstrategie in der Kommunikation wachsen die Sympathiepotentiale zu einem Unternehmen stärker und nachhaltiger, weil die an der Interaktion beteiligten Gesellschaftskreise eine direkte emotionale Beziehung zu einem Unternehmen knüpfen können. Damit erhöht sich beinahe automatisch der Identifikationsgrad zu einem Unternehmen, vorausgesetzt, das Unternehmen kann am Markt halten, was es verspricht.

Verlässlichkeit, Vertrauenswürdigkeit und Glaubwürdigkeit zählen zu den Kernkriterien emotionaler Bindung.

Emotionales Marketing verändert Kompetenzranking

Die Emotionalität von Produkten und Leistungen verleihen denselben eine Faszination, mit der sich viele Verbraucher als Nutzniesser in hohem Masse identifizieren. In diesem Sinne wirken solche Produkte als Bestandteil der jeweiligen Persönlichkeitsausstrahlung des Nutzniessers. Der emotionale Feed-back der Nutzniessung im Sinne des Geniessens oder des Genusskonsums tut jeder menschlichen Seele wohl, was letztlich durch jeden Menschen als positive Ausstrahlung hindurchströmt - egal, ob er sich im Ambiente einer Hotelinfrastruktur in schöner Naturumgebung, mit einem perfekt gestylten Kleidungsstück oder letztlich eben mit einer Chrono-Swatch emotional als Geniesser zeigt, welcher die Zeit der Zehntelsekunden zehnmal intensiver geniesst als ein anderer.

Nicolas G. Hayek, wohl einer der bedeutendsten Unternehmer der Schweiz, sprach im Rahmen eines Interviews ebenfalls den Begriff des "Emotional Marketing" an.

Er vertrat die Meinung, die Organisationsstrukturen seien weitestgehend gegen den einzelnen gerichtet. Dies sei insbesondere bei Organisationen grosser Firmen oder Administrationen der Fall, weil jene die Entfaltung menschlicher Wärme verhinderten. Ausserdem sei die Organisation oft zu kompliziert und aufwendig, was jede Innovation und Phantasie erdrücke. Ein Unternehmen sollte organisatorisch so einfach wie ein Kiosk verwaltet sein - ein Minimum an Hierarchien und Strukturen mit einem Maximum an Produkten bzw. Leistungen. Dieser Einstellung liegt die simple Erkenntnis zugrunde, dass Menschlichkeit in der Organisation eines der wichtigsten "Öle" eines Unternehmens ist.

Hayek spricht deshalb nicht von Personalführung, sondern von Menschenführung. Auf die <Swatch> übertragen, ging es darum, Marketing als Produkt und als Botschaft zu definieren. Das Bewusstsein, dass die Uhr ein emotionales Produkt sei, musste erst geschaffen, und dann auch überzeugend kommuniziert werden. Nach Hayek war dies nicht bloss eine Innovation, sondern eine Erfindung.

Profilierung aus der Masse durch Intensivierung der Beziehungsfelder

Vor allem in gesättigten Märkten erhalten sich Unternehmen ihre marktorientierte Unternehmensperformance durch die Intensivierung ihres Beziehungsnetzes, also zu ihren Abnehmern oder Kunden. Kommunizieren Unternehmen über zwei oder mehrere Stufen hinweg bis zum Endverbraucher, so kann heute die Direktbeziehung sich nicht ausschliesslich in vertikaler Folge abwickeln, wie dies in früheren Zeiten möglich war, denn die Zwischenstationen spielen oftmals selbst die Rolle des Entscheiders für den Endverbraucher, indem sie aus der Fülle der Auswahl die Wahl treffen. Dies gilt insbesondere für Konsumgüter jeder Art, aber auch für Dienstleistungen im Versicherungs- oder Bankenbereich.

Wer als Unternehmen sicher sein will, dass seine Produkte oder Dienstleistungen beim Endverbraucher ankommen, muss selbst durch eine neukonzipierte Kommunikations-strategie den Endverbraucher erfassen und in ihm mit einer starken emotionalen Bindung das Bedürfnis zur Nachfrage wecken.

So wird der Endverbraucher in das direkte Beziehungsumfeld des Unternehmens mit einbezogen und wird um das entsprechende

Produkt oder die entsprechende Leistung bei den Zwischenvertriebsstellen nachfragen. Durch diesen direkten Nachfragedruck des Verbrauchers bei den Vertriebsstellen sind diese wiederum bereit, Produkte mit grosser Nachfrage in ihren Sortimenten präferenziert zu behandeln. War die Kommunikationsstrategie also bislang eine vertikale, so entwickelt sie sich im gesättigten Marktumfeld zusehends zu einer lateralen und multidirektionalen.

Vertikale Kommunikationsstrategie

Unternehmen → Zentrale Verteiler → Zentrale Verteiler → End-verbraucher

Laterale Kommunikationsstrategie

Unternehmen → Zentrale Verteiler → Zentrale Verteiler ↔ End-verbraucher

Auf den Punkt gebracht, sind all jene Unternehmen erfolgreich, welche mit ihren Produkten und Leistungen die materielle und immaterielle Existenzgrundlage der Menschen verbessern helfen und dies auch in ihrer Unternehmenskommunikation zu vermitteln wissen:

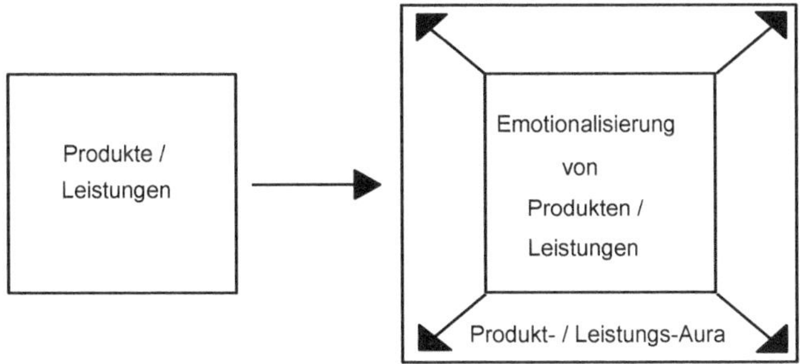

Eine marktorientierte Unternehmensperformance können Führungskräfte und Mitarbeiter am besten unterstützen, wenn sie über folgende Kompetenzkriterien verfügen:

Fachkompetenz	**Methodenkompetenz**	**Sozialkompetenz**
Marketingkenntnisse	Umsetzungsfähigkeit	Beziehungs-fähigkeit
Ökologische Sensibilität	Nutzenorientierung	Kooperations-bereitschaft
Marktorientiertes Denken	Bedürfnis-orientierung	Urteilsvermögen
Wirtschaftliche Sensibilität	Strategieformulierungs-fähigkeit	Gestaltungswille
Sinn für das Machbare	Akquisitionsstärke	Umweltverantwortung
Verstehen und Verarbeiten von Informationen	ökonomische Zielorientierung	Kommunikationsfähigkeit
Verhandlungssicherheit		Innovations-fähigkeit
		Dialogfähigkeit
		Konflikt-lösungsfähigkeit

Das Bekenntnis zur Strategie der Sympathieschaffung erfordert als drittes Grundgesetz vom Manager ein hervorragendes vernetztes Allgemeinwissen und die Fähigkeit, die Unternehmenspolitik in eine mittelfristige Unternehmensphilosophie und eine Unternehmens-strategie gliedern zu können. Ausschlaggebender Massstab dazu ist eine hohe soziale Kompetenz.

Die Umsetzung der angesprochenen Aufgaben bedarf eines ganzheitlichen Systems der Strategieentwicklung, bei welchem die Heraus-forderungen die Ausgangsposition und die neue Strategie das Resultat darstellen. Ein solches System wiederum basiert auf der Fähigkeit, vernetzt denken zu können, denn es verlangt vom Systembenutzer, die Umstände in gesättigten Märkten, den Wertewandel und den Umgang mit neuen Technologien und gesteigerten Erwartungen an eine ökologische und soziale Verträglichkeit in sein Handeln einzubeziehen.

Die Systematik der Technik zur neuen Strategiefindung wird insbesondere in europäischen Unternehmungen viel zu wenig überlegt und trainiert. Deshalb finden sich die Manager in den heutigen turbulenten Zeiten immer weniger zurecht und konzentrieren sich auf den ihnen übertragenen Verantwortungsbereich, ohne den generalistischen Blick auf das Ganze walten zu lassen.

Die Macht der Kompetenz macht sich aber gerade dadurch bemerkbar, dass man in der Lage ist, die Konsequenzen der einzelnen variablen Faktoren in ihrem Zusammenspiel abzuschätzen und das zu erwartende Resultat transparent kommunizieren zu können.

Die Unternehmensführung beginnt also mit Denkprozessen, die eine Kombination aus Nach- und Vorausdenken sind, unter Einbezug der drei situativen Heraus-forderungsszenarien – der gesättigten Märkte, des stetigen Wertewandels und der neuen Technologie.

Wer sein Denken nur in eine Richtung fokussiert, wird mit grösster Wahrscheinlichkeit zu Fehlinterpretationen und folgeschweren Strategie-ansätzen gelangen.

Ebenso gefährlich ist der heutige Trend im Zeichen des Shareholdervalue die unternehmerische Leistung in der Ablösung der Arbeit durch immer mehr Kapital zu sehen. Kurzfristig mag diese Strategie zwar zu bestechenden Ergebnissen führen, mittel- und langfristig ist aber der einzige Wert eines Unternehmens im Human Capital Value – HCV – zu finden. Nur durch den HCV gelingt es, reale Wertschöpfung zu erzielen. Diese reale Wertschöpfung ist jedoch nur durch Arbeit im Sinne der Schaffung von nutzbringenden Gütern und Dienstleistungen möglich.

Der Human Capital Value ist in den meisten Unternehmungen noch gar nicht bekannt, weil es dazu bislang noch kein EDV unterstütztes System gibt, das die Fähigkeitspotentiale der Mitarbeiter in Relation zu den Kern- und Nebengeschäften bringt. Doch der Zeitpunkt ist abzusehen, an dem Investoren ein viel grösseres Interesse am <return or operating assets> zeigen, denn am Gewinn aus der nahen Vergangenheit.

In diesem Zusammenhang leistet ein Softwareprogramm wie der Kompetenz-Kompass® unschätzbare Dienste, gelingt es doch mit diesem Führungsinstrument die einzelnen Aufgabenbereiche in Anforderungsprofile zu fassen und die entsprechenden Mitarbeiter mit den erforderlichen Skills vertraut zu machen.

KAPITEL 5

Human Capital Value – die neue Bewertung von Unternehmen

Die vergangenen 30 Jahre standen weltweit im Zeichen der kontinuierlichen Automatisierung, Rationalisierung und Prozessoptimierung. Mit diesen Bemühungen einher ging der Prozess des ebenso permanenten Mitarbeiterabbaus, der in zahlreichen Fällen zu Massenentlassungen führte.

Nachdem in den meisten Unternehmen die Prozessoptimierung weitgehend erfüllt war, kam vor etwa 10 Jahren der nächste Schock, die Dekade der Firmenzusammenschlüsse bis zu den Mega-Fusionen unserer Gegenwart. Mit der Strategie einer einseitigen Begünstigung von Kapitalgebern wurde eigentlich der letzte „Aderlass" an Menschkapital eingeläutet. Die Euphorie an den Börsen unterstützt den trügerischen Wert einer „Fusionsfirma" im Sinne eines Wertmassstabes, den man „Shareholder value" bezeichnet. Dieser Wertmassstab ist aber kein reeller, sondern ein virtueller, in dem sich die Gefahr der Scheinhaftigkeit erstaunlich bedenkenlos verdrängen liess.

Die vorübergehende Unternehmensperformance, die kurzfristig bei Fusionen ausgemacht werden kann, erblasst aber erfahrungsgemäss relativ schnell. Die Gründe dafür liegen eigentlich auf der Hand.

Durch Fusionen gewinnen die daran beteiligten Firmen zunächst an Marktkraft, verlieren in der Regel aber auch an Flexibilität und Reaktionsfähigkeit. Gleich dem Lebenszyklus eines Produktes verblasst die Fusionseuphorie spätestens nach 6-8 Jahren. Vielfach geht in dieser Zeit auch ein erhebliches Know-how Potential verloren, denn die Optimierung von Fusionen kann nur über den Personalabbau nachhaltig beeinflusst werden. Ob solcher kurzfristigen und kurzsichtigen Erfolgsstrategien mag man sich fragen, ob Kapitalgeber und Management nicht allzu unüberlegt übers Ziel hinausschiessen? Dass Kapitalgeber eine angemessene Entschädigung erhalten sollen, wird nicht bestritten. Die Frage ist einzig, woraus sich die Abgeltung ableiten soll?

Die Turbulenzen in der Wirtschaft lassen sich immer schwieriger abschätzen und in den Griff bekommen. Betroffen sind kontinentale Märkte genauso wie regionale. Die Marktsättigung wirkt auf ihre Art auf der Konsumentenseite und zwingt die Unternehmen in den nächsten 5 Jahren mit Sicherheit zur leisen Abkehr von der Shareholder Strategie und der Beteiligung an den globalen „Spielsalons", die ehemals noch Börsen hiessen.

Die nahe Zukunft zwingt die Manager zur Bestimmung auf die Verbesserung der bisherigen Kerngeschäfte und die Entwicklung neuer. Die Lebenszyklen von Produkten im High Tech Bereich verkürzen sich noch weiter. Alle 6-9 Monate werden Leistungsfähigkeit und Leistungsqualität massiv gesteigert und gleichzeitig die Preise ebenso massiv gesenkt. Wer in diesem martialischen Turbulenzumfeld erfolgreich aktiv sein will, muss unverzüglich seine Konzentration auf das Human Capital Value Management lenken.

Allein die Erzielung von Wertschöpfung wird über eine längere Periode die Unternehmensperformance steigern. Produkte und Dienstleitungen sind aber ausschliesslich das Ergebnis von Menschen, die sich mit ihrer Fach-, Methoden- und Sozialkompetenz in Unternehmen entsprechend einbringen können. So gesehen, steht das Human Capital an vorderster Front aller Werte eines Unternehmens. Die Human Professional Performance ist auch für Geldgeber mittelfristig der einzig reale Wertmassstab eines Unternehmens.

Diese Erfahrungen müssten doch eigentlich auch die Banken bestätigen können, die in den nächsten Jahren noch einige Milliarden aus überhöhten Immobilienbewertungen nach unten korrigieren müssen.

Wenn aber der Human Capital Value in Zukunft die dominante Grösse sein wird, so muss sich das Human Resource Management ganz anders konfigurieren. Für die in prozessoptimierten Projekten zu lösenden Kerngeschäfte werden flexibel denkende und variabel einsetzbare Mitarbeiter benötigt.

Statische Organisationsstrukturen weichen neuen projektorientierten Organisationsformen, die nicht selten nur über die Laufzeit eines Projektes Bestand haben. Bis zur Hälfte aller Mitarbeiter werden in Teilzeitmodellen für ein oder mehrere Unternehmen tätig sein, viele von ihnen ohne eigenen Arbeitsplatz in einem Firmengebäude. So wird es Stellen geben, mit festem, temporärem oder fliegendem Arbeitsplatz.

Die Anforderungen an die Fach-, Methoden- und Sozialkompetenz steigen deshalb bei allen Mitarbeitern ganz erheblich. Auch die Bring- und Holpflicht von Informationen über die Datennetze sowie der spontane Leistungsaustausch bringen Effizienz- und Effektivitäts-vorteile, die marktbestimmend sein können.

Ohne ein hochkomplexes, jedoch auch sehr einfach zu nutzendes Informationssystem ist das zukünftige Human Resource Management gar nicht zu bewältigen. Dabei genügen die erweiterten Softwaremodule traditioneller Anbieter nicht mehr.

Rasche Teambildung, spontane Task Force Rekrutierung zur Unterstützung temporärer Aktionen und die schnelle Wahl geeigneter Freelancer übers Internet stellen auch völlig neue Anforderungen an die Software und deren Konzeption nach Workflows.

Einen beeindruckenden Fortschritt scheinen Unternehmen verbuchen zu können, die mit einer HR-Software arbeiten und dadurch für alle Miarbeitenden einen objektiven Beurteilungsstandard zur Verfügung stellen.

Doch welche Software scheint überhaupt für die Kompetenzbewertung geeignet zu sein? Prinzipiell kann man davon ausgehen, dass jede Software geeignet ist, die eine objektive Leistungsbeurteilung der Mitarbeitenden zulässt. Objektiv bedeutet in diesem Sinn, dass die Software die Möglichkeit bietet, eine Selbsteinschätzung mit einer Fremdeinschätzung zusammen gegen das Anforderungsprofil zu stellen und daraus die jeweiligen Benefits und Defizite zu ermitteln.

Jeder Mitarbeitende muss die Gelegenheit erhalten, seine Selbsteinschätzung mit den Fremdeinschätzungen zu vergleichen und daraus wertvolle Schlüsse zu ziehen. Etwa wie beurteilen Vorgesetzte meine Leistungen im Vergleich zu mir selbst. Diese Vergleichsmöglichkeit schafft Transparenz und Vertrauen.

KAPITEL 6

Kompetenzen – erkennen und konstant entwickeln

Kompetenzen entscheiden in praktisch allen Lebens- und Wirtschaftsbereichen über Erfolg und Misserfolg. Kompetenzen von Unternehmen zeigen sich als qualitäts-bestimmende Faktoren in deren Produkten und Dienstleistungen. Unsere Wirtschaftsepoche, gekennzeichnet von verschiedenartigsten Turbulenzen, deren Auslöser aus Kreisen der Politik, Kultur, Behörden, Wettbewerbern, Kunden oder Lieferanten stammen, enden immer mehr mit unsicherem Ausgang. Wer im Dschungel globalisierter Märkte und politischer und sozialer Netze mehr als nur gerade überleben will, muss sein Human Resource Management als Teil der strategischen Unternehmensausrichtung auf eine neue, tragfähige Basis stellen. Selbstorganisiertes Handeln ist in der nahen Zukunft angesagt.

Kompetenzen kennzeichnen die Anlagen, Fähigkeiten, Bereitschaften einzelner Mitarbeitenden oder Teams, in Situationen mit unsicherem Ausgang sicher zu handeln – kurz die Disposition zu selbstorganisiertem Handeln zu beherrschen. Gut zu wissen, dass es eine nutzenbringende Alternative zu den verschiedenen Persönlichkeitstests mit ihren Typologien und meist keinen, zu Anforderungsprofilen korrelierenden, Interpretationen gibt.

In Buch <Kompetenz-Navigation>, erschienen im Datakontext Fachverlag, Frechen, sind in den Bereichen „operationelle Funktionen“, operationelle und strategische Führungsfunktionen“ je 12 Schlüsselkriterien in die Kategorien

- Personale Kompetenz
- Fachkompetenzen
- Methodenkompetenzen
- Soziale Kompetenzen

gruppiert und beschrieben, deren mehr oder minder grosse Ausprägung jeweils zum persönlichen Erfolg oder Misserfolg in einer bestimmten Funktion führt.

Benefit- und Defizitprofil entscheidet zwischen Erfolg und Misserfolg

Die Diskrepanz zwischen Wunsch und Wirklichkeit ist wohl nirgends grösser als bei der Selektion von Fach- und Führungskräften. Sie ist besonders gross und entsprechend gefahrenvoll, wenn man sich auf Intuition, das <Fingerspitzengefühl>, seine <Menschenkenntnis> oder die „Erfahrung“ abstützt.

Bedeutend sicherere Entscheidungen können dann erwartet werden, wenn die Situation, in der sich das Unternehmen befindet und die Umgebung, in die der oder die Neue integriert werden soll, ziemlich gut kennt und die entsprechenden, relevanten Parameter zu setzen weiss.

Die grundlegenden Benefit- und Defizitpotenziale pendeln in den 4 Kompetenzkategorien zwischen folgenden beobachtbaren Verhaltensmerkmalen:

Personale Kompetenz

Benefits	*Defizite*
idealorientiert	idealistisch
loyal	überfordernd
aktiv	hyperaktiv
kraftvoll	sanktionierend

Fachkompetenz

Benefits	*Defizite*
fachlich perfekt	perfektionistisch
zielorientiert	stur
lernwillig	lernfaul

Methodenkompetenz

Benefits	*Defizite*
methodisch	chaotisch
analytisch	übervorsichtig
vernünftig	emotionsvermeidend
gründlich	zögerlich

Soziale Kompetenz

Benefits	*Defizite*
kompromissbereit	kompromisslerisch
sozial	ziellos
moderierend	oberflächlich
teamorientiert	unernst

Akzeptanz und Enttäuschung liegen auch deshalb so nahe beieinander, weil man sich selten die Mühe macht, Umfeld und individuelles Kompetenzpotenzial in Korrelation zu bringen. Meistens unterliegt die Wahl einer neuen Mitarbeiterin oder eines neuen Mitarbeiters den Prinzipien der Sympathie oder Antipathie sowie einer Anzahl zusätzlicher Meinungen, die man bei Kollegen und anderen Mitarbeitern einholt.

Die Entwicklung der Kompetenzen unterliegt nach wissenschaftlicher Erkenntnis der Selbstorganisationsfähigkeit und –Zuständigkeit. Wer an seinen Kompetenzen arbeiten will, muss also akzeptieren, dass die individuellen Kompetenzen auch individuelle Selbstorganisationsdispositionen sind.

In den 4 Kompetenzkategorien sind die Schlüsselkriterien in folgenden Gruppen enthalten:

P

Personale Kompetenzen	Charaktereigenschaften Handlungsaktivitäten Innovationspotenzial Selbstverantwortung

F

Fachkompetenzen	Denkpräferenzen Kommunikationsfähigkeiten Grundwissen Fach- und Spezialwissen

M

Methodenkompetenzen	Denkmethoden Kommunikationstechniken Grundfertigkeiten Fach- und Spezialfertigkeiten

S

Soziale Kompetenzen	Interessensbreite Kommunikationsverhalten Arbeitsverhalten Führungsverhalten

Nobody is perfect. Leben und Beruf prägen die Wesenhaftigkeit des Menschen in einem kontinuierlichen Prozess. Wer sich allerdings im privaten und beruflichen Leben einfach von den Alltagseinflüssen treiben lässt, wird wohl innerhalb weniger Jahre zu „Treibholz“ ohne bestimmbares Ziel im reissenden Fluss des Privat- und Wirtschaftslebens. Der Zufall wird solche Menschen mehr bestimmen als der Wille.

Was für den einzelnen Menschen gilt, trifft natürlich umso mehr auf die Unternehmen zu. Unternehmen sind durch und durch prozessorientierte und prozessgesteuerte Organisationen mit verschiedenartigsten Organisationseinheiten und -Konfigurationen.

Die Hilfestellung durch einen Kompetenznavigator

Der Einsatz eines Kompetenz-Navigators wie zum Beispiel COMPRO+® ist für viele Personalchefs und Human Resource Manager ein sehr wertvolles Instrument zur Messung der Kompetenzpotenziale von Fach- und Führungskräften. Die Ziele, Wunschvorstellungen oder Bedürfnisse sind bekannt, und durch den Einsatz des Navigations-Instruments werden nun auch die für jede Funktion im Unternehmen relevanten Anforderungsprofile transparent und mit den griffigen Massnahmenempfehlungen und Selbstlerntrainings ergänzt.

Wer sein Teamziel kennt, muss auch seinen derzeitigen Standort kennen

Die Leistungsfähigkeit (Qualität und Rentabilität) von Unternehmen wird weniger von den Leistungen Einzelner geprägt, als vielmehr von den Leistungen der Teams. Mit COMPRO+® steht das derzeit wohl aussagekräftigste Instrument für die situative Selbst- und Fremdeinschätzung zur Verfügung.

Die Orientierung in Richtung Kompetenztransparenz schafft bedeutende Wettbewerbsvorteile.

Transparenz bedeutet in diesem Fall die Bedürfnisse oder Erwartungsziele in den 4 Kompetenzkategorien zu kennen und zu wissen, welche Benefits und Defizite sich in den Kompetenzkategorien nachweisen lassen.

Personale Kompetenz

Bedürfnisse/Erwartungsziele

Wertvoller, hilfsbereiter Mensch mit reichem Charakterbild und dem uneingeschränkten Willen, sich darin kontinuierlich zu vervollkommnen.

Benefits

- hat Charisma
- wirkt als Vorbild
- stellt hohe Ansprüche an sich und die anderen, denen vertraut wird und die unterstützt werden
- ist bescheiden, loyal und hat Gerechtigkeitssinn
- strebt nach Höchstleistungen

Defizite

- gibt unnötig Hilfe
- lässt sich emotional zu sehr auf andere ein
- urteilt oft nach Sympathien und Antipathien
- reibt sich auf
- ist vertrauensselig und selbstverleugnend

Fachkompetenz

Bedürfnisse/Erwartungsziele

Verantwortungs- und veränderungsbereiter, fähige Mensch, der sich durch eigenständige Aktivität und hohen Wirkungsgrad auszeichnet.

Benefits

- setzt sich an die Spitze von Projekten und Aufgaben
- überträgt seinen Willen bei Problemlösungen
- wird durch Widerstand gestärkt
- ist wettbewerbsorientiert
- operiert richtungsweisend und dynamisch
- ist risikobereit
-

Defizite

- ist übermütig
- geht zu grosse Risiken ein
- mutet anderen zu viel zu und verunsichert sie damit
- tanzt auf zu vielen Hochzeiten
- übt Druck aus
- ist starrsinnig und oft streitbar
- wirkt bedrängend, dominierend

Methodenkompetenz

Bedürfnisse/Erwartungsziele

Ein Mensch, der fachlich versiert ist, prozessorientiert denkt und arbeitet, immer einen konsequenten Lösungsweg weiss und Alternativen systematisch ableiten kann.

Benefits

- ist stets auf dem neuesten Wissensstand
- sachorientiert und verlässlich
- gründlich und faktenorientiert
- durchschaut Problemsituationen schnell
- findet methodisch sichere Lösungen
- denkt analytisch, umsichtig und vorsichtig
- reduziert Komplexität

Defizite

- glaubt, Wissen allein ist Macht
- vernachlässigt persönliche Komponenten
- neigt zu linearem Schritt-für-Schritt Problemlösungsverhalten
- ist phantasiearm und überkritisch
- vernachlässigt kreative Sprünge und dialektisches Problemlösen
- hasst „geniale Schlamperei“
- ist übervorsichtig und beharrend

Soziale Kompetenz

Bedürfnisse/Erwartungsziele

Ein beliebter, zugänglicher, verständigungs- und kooperationsbereiter Mensch mit sozialer Konsensbereitschaft zu sein.

Benefits

- besitzt Gespür für Meinungen, Gefühle und Bedürfnisse anderer
- gestaltet das Zusammenwirken flexibel
- geht auf andere ein
- vermittelt bei Kontroversen

- ist taktvoll und anpassungsfähig
- besitzt ein gutes Quantum Humor
- wirkt experimentierend

Defizite

- setzt Konsens über alles
- äussert eigene Meiningen nur vorsichtig
- meidet notwendige Auseinandersetzungen
- Gespräch und Geselligkeit zum Selbstzweck
- erscheint als jemand ohne Überzeugungen
- agiert ziellos auf Wirkungen bedacht

Der optimale Mix an Kompetenzen

Jede Funktion, die Fach- oder Führungskräfte in der Wirtschaft wahrnehmen, beinhaltet einen optimalen Mix an Anforderungskriterien. Die Erfahrung zeigt, dass für jedes Job-Profil zwischen 8 und 16 Schlüsselkriterien entscheiden, wie gut jemand seinen Job machen kann oder machen wird.

Entscheidend ist neben der Definition und Interpretation der persönlichen Kompetenzpotenziale auch das wirtschaftliche und unternehmerische Umfeld, in das jemand eintritt. Viele Fach- und Führungskräfte können unter günstigen Bedingungen ihre Leistung erheblich besser entfalten, als unter „ungünstigen" Situationen.

Wird etwa ein Turnaround-Manager benötigt, so wird dieser nicht unbedingt unter bisher erfolgreichen „Schönwetter"-Managern zu finden sein. Manche Reputationen, die sich Manager im Laufe ihrer Karriere erworben haben, sind ebenfalls nicht zwingend für eine neue Aufgabe relevant. Es ist geradezu unglaublich, was sich im Executive Search in dieser Beziehung abspielt. Dabei lehrt uns die Wirtschafts-geschichte, dass selbst „Männer des Monats“, die einst die Titelseiten renommierter Wirtschafts-zeitschriften zierten, innerhalb kurzer Zeit zu Kapitänen unternehmerischer Sturzflüge geworden sind.

Was folgern kluge Unternehmen aus solchen Ereignissen?

Sicher ist eines: der Ruf, der einem Manager vorausgeht, ist keine Garantie für die Erfüllung der Erwartungen, die mit einer neuen Aufgabe verbunden werden. Auch Empfehlungen von Bekannten aus einem früheren oder gegenwärtigen Beziehungsnetz sind wenig tauglich. Kluge Unternehmen bekennen sich deshalb immer häufiger zur Präventivmassnahme „Kompetenz-Diagnose“ mit einem dafür erprobten Diagnoseinstrument. Präferenziert werden solche Systeme, die eine präzise Ermittlung der Kompetenzpotenziale ermöglichen, die für die Ausübung einer klar definierten Funktion in einem ebenso klar lokalisierten Umfeld absolut notwendig sind.

Dass man „gestandene Manager“ nicht mehr mit einem Diagnoseinstrument konfrontieren will, ist töricht und hat schon manchem Unternehmen die Existenz gekostet. Die gegenwärtig veröffentlichten Presseberichte sprechen doch wohl für sich und signalisieren eindeutig, dass die Kompetenzdiagnose vor jeder Wahl einer Person in eine neue verantwortungsvolle Funktion zu erfolgen hat. Dem, der sich dafür zu fein ist, muss ohnehin mit grosser Skepsis begegnet werden.

Mit der Teameinschätzung gezielt die Teamleistungen steigern

Ein Kompetenznavigator muss auch ein ausgezeichnetes Diagnoseinstrument für die Teameinschätzung sein. Die Eingaben aller Teammitglieder sollten namentlich oder anonym erfolgen können. Die Werte werden automatisch kumuliert und in der Interpretationstabelle aufgeführt. Die Massnahmenempfehlungen sind praxiserprobt und greifen schnell.

Die Team-Diagnose kann periodisch wiederholt und mit früheren Auswertungen im Sinne feststellbarer Fortschritte verglichen werden.

Anwendungsbeispiele und Trainingspaket

Ein Kompetenznavigator muss neben schlüssigen Interpretationen auch vielfältige Anwendungsbeispiele und ein sehr umfangreiches Trainingspaket für Selbst- und Gruppentrainings liefern.

Das Trainingspaket kann als Selbsttraining in Form des Computer based Training oder als Gruppentraining mit internem oder externem Coaching angeboten werden. Der Trainingskatalog umfasst Trainingseinheiten zu allen 64 Schlüsselkriterien, die bei defizitärer Einschätzung nachhaltig und mit geeigneten Anleitungen verbessert werden sollen.

Tests und Diagnoseinstrumente auf dem Prüfstand

Es muss aber bei dieser Gelegenheit vermerkt werden, dass längst nicht alle angebotenen Tests und Diagnoseinstrumente die Erwartungen an Seriosität und Aussagefähigkeit erfüllen. Nach Stand der Wissenschaft sind nur jene Tests objektiv aussagefähig, die eine Selbst- und eine oder mehrere Fremdeinschätzungen miteinander in Korrelation setzen können.

Im Weitern muss ein Test periodisch wiederholt und mit früheren Resultaten verglichen werden können, denn der Mensch verändert sich in einer neuen Funktion und neuen Umgebung ziemlich rasch und stark. Was unter günstigen Bedingungen noch als Stärken ausgemacht werden konnte, kann sich unter ungünstigen Bedingungen überraschend schnell zu Schwächen wandeln und damit unternehmerische Ziele gefährden.

Sollen die Handlungsmöglichkeiten eines Menschen, eines Teams, eines Unternehmens weiterentwickelt werden, geht es in erster Linie nicht um die Frage, ob entsprechende Kompetenzen vorhanden sind, sondern in welchem Masse und in welchen Verhältnissen sie ausgeprägt sind. Genau darauf gibt ein qualifiziertes Navigationsinstrument schlüssige und verhältnismässig einfach zu gewinnende Antworten.

Die Autoren Prof. Dr. Petra Kemter (TU Dresden) und Dr. Gerhard Hänggi (SBS – Swiss Business School) schildern in ihrem Buch <Kompetenz-Navigation>, Datakontext Fachverlag, Frechen, worauf man bei der Festlegung eines Kompetenzmodells Wert legen muss. Das Buch ist derzeit vergriffen, aber als gebrauchte Einzelexemplare bei amazon.de erhältlich.

KAPITEL 7

Kompetenzorientierter Führungsstil hält Unternehmen flexibel und wettbewerbsfähig

Alle 10 Jahre läuten bekannte Management- und Organisationsfachleute eine neue Führungsära ein. Dazu zählen der patriarchalische Führungsstil genauso wie die Doktrin des antiautoritären Laisser-faire-Stils. Seit knapp 10 Jahren scheint sich der kompetenzorientierte Führungsstil immer grösser Beliebtheit zu erfreuen. Was steckt eigentlich hinter diesem strategisch geschickten Kombinat aus Nutzung von Kompetenzen und Nutzung von Führungsfähigkeiten?

Zunächst ist es doch das Ziel eines Unternehmens, Mitarbeitende zu engagieren und auch dafür zu bezahlen, dass sie durch den Einsatz ihrer Fähigkeiten und Fertigkeiten dazu beitragen, dass Aufgaben rasch erkannt, Lösungswege schnell gefunden und innerhalb kürzester Frist umgesetzt werden können. Im Zeitalter der digitalen Beschleunigung wird sich dieser Prozess der kompetenzorientierten Führung noch viel gewinnbringender auswirken, denn die einzelnen Arbeitsprozesse werden weitestgehend durch digitale Programme gestaltet, beeinflusst und erledigt. Dies setzt eine ganz andere Kompetenz bei den an Prozessen beteiligten Mitarbeitenden voraus, als man dies bislang gewohnt war.

Die intelligente Dokumentenverwaltung wird alle wichtigen Erfahrungen von hervorragenden Mitarbeitenden verwalten und jedem interessierten anderen Mitarbeiter durch Zugriff jeder Zeit zur Verfügung stehen. So kann jedermann im Vorfeld einer Entscheidung prüfen, ob seine grundsätzliche Entscheidungsfindung auch von archivierten Profis mitgetragen würde.

Ein <scientific documantation system> –sds – wird also in der Zukunft die gesamten Wissenspotenziale aus den Köpfen der Mitarbeitenden speichern und abrufbereit halten. Dazu gehören aber auch Rechtsentscheide, die man über das Netzwerk abrufen kann, um sich ein Bild darüber zu verschaffen, welche Entscheidung ein Richter auf der Grundlage eines solchen Urteils fällen könnte. Die Treffsicherheit der eigenen Entscheidung wird also durch die optimale Nutzung des Wissensmanagements beträchtlich beschleunigt und erhöht.

Wer in einem Unternehmen das in den Köpfen vorhandene Wissens- und Erfahrungspotenzial gezielt nutzen will, muss im Vorfeld aber auch einige Vorbereitungsarbeiten leisten. In einer ersten Etappe wird man nicht darum herumkommen, die Anforderungsprofile an die einzelnen Mitarbeiter gemäss deren Funktionen neu zu definieren. Derart entstandene Berufsbilder gliedern sich in Fach-, Methoden- und Sozialkompetenzen. Sie dienen in der Praxis zunächst schon bei der Bewerberauswahl und stellen damit eine objektive Beurteilungsplattform dar. In einem zweiten Schritt können Mitarbeiter auf der Grundlage solcher Anforderungsprofile sehr gezielt gefördert werden, denn aus dem Vergleich der Soll- und Istwerte erkennt man auf einen Blick wo die Defizite liegen und durch geschickte Kombination mit entsprechenden Fördermassnahmen wird man auch unverzüglich die Seminare, Kurse, On-the-Job-Trainings eruieren können, die diese Defizite nachhaltig verringern können.

Das in einem solchen Umfeld die Laufbahnplanung genauso wie die Entwicklung von Führungsnachwuchs ein hervorragendes Ergebnis erlangen, dürfte eigentlich nicht erstaunen. Diese Ergebnisse bilden das Fundament eines modernen Human Resource Management. Wie es sich die besten 200 Unternehmen der Welt bereits leisten und weitere tausend mit Sicherheit in den nächsten Jahren folgen werden – ja folgen müssen – denn im harten Verdrängungswettbewerb auf globaler Ebene wird der unbarmherzig ausscheiden, der nicht mit aller Kompetenz am Markt auftritt und sein Kompetenzpotenzial nicht optimal auszuspielen versteht.

Natürlich kann ein erfolgreiches Human Resource Management (HRM) nur dann die entsprechenden Ergebnisse liefern, wenn die HR-Manager die Möglichkeit haben, die Potenziale des Human Kapitals systemisch zu erfassen und über Jahre auf einfache Art zu pflegen.

Eine ausgezeichnete Möglichkeit, die Kompetenzorientierung in den Mittelpunkt des unternehmerischen Wirkens zu stellen, bietet COMPRO+® – ein HR-Software-Programm, das in über 15jähriger Entwicklungszeit alle Möglichkeiten einräumt, die Human Ressourcen von der Planung über ihren Einsatz konsequent, einfach, treffsicher und schnell zu pflegen.

Benutzer sind sich darüber einig, dass es derzeit wohl kein leistungsfähigeres HR-Instrument gibt, mit dem ein Unternehmen auch seine ganz eigenen unternehmensspezifischen Belange pflegen kann. Herausragend ist dabei auch die Einbindung der 5 Sprachen deutsch, französisch, italienisch, englisch und spanisch, die es selbst multi-nationalen Unternehmen möglich machen, die Anforderungsprofile nach Sprachgepflogenheit des Unternehmens zu generieren.

Auch das Wissensmanagement wird in geradezu optimaler Weise dadurch unterstützt, das man aus dem umfangreichen Kriterienkatalog der Fach-, Methoden- und Sozialkompetenzen Mitarbeitende auf der Grundlage einzelner Kriterien herausfiltern und in Projekten einsetzen kann.

Wer heute die Weichen durch die Kompetenzorientierung für eine erfolgreiche Zukunft stellen will, muss auch wissen, dass ein Unternehmen insgesamt nur dann die Kompetenz auf den Märkten hat, wenn es versteht, die gesamte Genialität, die in den Köpfen seiner Mitarbeitenden vorhanden ist, als geballte Ladung von Innovationskraft und Flexibilität zum Nutzen aller Marktpartner einzusetzen. Diesem Veränderungsprozess kann sich kein Unternehmen entziehen, dass im globalen Umfeld zukünftig die Rolle des global players noch weiterspielen möchte.

KAPITEL 8

Mitarbeiterentwicklung – Wege zur Fach-, Methoden- und Sozialkompetenz

Lernen als Grundlage der menschlichen Entwicklung

Leben als Lernprozess

Das ganze Leben ist eine einzige Kette von Lernprozessen in unzähligen Schritten. Lernen ist demzufolge als Prozesskette auch der Schlüssel aller Entwicklungsstadien eines Menschen, der durch seine jeweiligen Rollen und sein je spezifisches Verhalten seine Existenz in den einzelnen Lebensphasen manifestiert und dokumentiert.

Gelerntes in Gelebtes umwandeln

Wenn Lernen die Grundlage der menschlichen Entwicklung schlechthin ist, dann liegt eine Gesellschaft, die das Lernen über alle Lebensphasen zum wichtigsten Gut macht, deutlich im Vorteil gegenüber all jenen, die das Primat auf andere Mittel legen. Last but not least ist auch die Lebensqualität eine Errungenschaft der Fähigkeit Gelerntes in Gelebtes umwandeln zu können.

Seinen Beitrag zum sozialen Wohlstand leisten

Ein Abschnitt aus dem menschlichen Lebenslauf ist für die Erhaltung der sozialen Wohlfahrt und des kollektiven Wohlstandes besonders hervorzuheben – es ist jene Hälfte des menschlichen Lebens, in der eigentlich jeder Mensch Teil der Wertschöpfung schaffenden Arbeitnehmerschaft sein sollte und in dieser Funktion als Berufstätiger seinen Beitrag an der Entwicklung von sozialem Wohlstand und Ausbau der Lebensqualität leisten soll.

Produktionsfaktor Wissen

Durchschnittlich nur 40 Jahre Berufstätigkeit durchlief der berufstätige Mensch mit dem Wissen und der Erfahrung aus einem gelernten Beruf oder einem absolvierten Studium. Durch die digitale Beschleunigung in Forschung, Produktion und Vertrieb hat sich die Situation in den Ländern, die an der Schwelle der Informationsgesellschaft stehen geradezu dramatisch verändert. Der berufstätige Mensch wird noch höchstens 30 Jahre in Teil- oder Vollzeit arbeiten und in dieser Zeit mindestens 3mal seinen Beruf wechseln.

Neues Bildungskonzept wird gebraucht

In dieser Situation sehen sich sowohl die staatlichen und privaten Bildungsinstitutionen gefordert, mit einem komplett neuen Bildungskonzept die Flexibilisierung der Berufsstände zu gewährleisten, wie auch die Unternehmen selbst, die bezüglich Ihrer Aus- und Weiterbildung über die Bücher gehen müssen.

Wichtig:

Die Mitarbeiterentwicklung als Grundlage zur Erhaltung der beruflichen Wertigkeit wird vor ganz andere Aufgaben gestellt, die zwingend in den nächsten drei Jahren gelöst werden müssen, will man den erzielten Wohlstand und die erreichte Lebensqualität im Sozialgefüge von Familie und Gesundheit erhalten und vielleicht sogar noch verstärken.

Mitarbeitende bestimmen den Wert des Unternehmens

Human Capital Value

Der Einzug der neuen digitalen Technologien ermöglicht es, innerhalb Sekunden auf Wissensdatenbanken zuzugreifen und durch das Nutzen dieser Datennetze in immer schnellerem Rhythmus zu neuen Erkenntnissen und Lösungen zu gelangen. Das Wissen ist zu einem zentralen Produktionsfaktor geworden, mit dem sich zum Beispiel über Internet sogar ein virtueller Handel aufbauen lässt. Es könnte gut sein, dass schon in fünf Jahren die Wissensdatenbanken die grösste Produktivkraft darstellen und dass das in Unternehmen vorhandene Wissen zum grössten Wert des Unternehmens wird. Erste Anzeichen sprechen

dafür, dass der Human Capital Value für Investoren ein zunehmend wichtigerer Wert zu sein scheint als die Ergebnisse aus Bilanzen vergangener Jahre.

Wichtig:

Unser Zeitalter der digitalen und multimedialen Kommunikation über globale Netzwerke erfordert eine total innovative und in der Zukunft tragfähige Bildungspolitik die letztlich der Schlüssel zur zukünftigen Wettbewerbsfähigkeit sein wird.

Diese Bildungspolitik gründet auf der Erkenntnis, dass die Potenzialstruktur der Persönlichkeit aus dem Gleichgewicht zwischen Fach-, Methoden- und Sozialkompetenz besteht.

Die Kompetenzstruktur der Persönlichkeit wiederum setzt sich aus der Summe der einzelnen Kompetenzbereiche zusammen. Die Kernkompetenz scheint im Denk- und Kommunikationspotenzial eines Menschen zu liegen, zu dem sich das Basis-, Fach- und Spezialpotenzial gliedert.

Profi-Tipp:

Die Potenzialstärken eines Menschen lassen sich im Laufe der primären Entwicklungsjahre günstig beeinflussen.

Denkpotenzial

Das Wachstum des Denkpotenzials zum Beispiel wird durch den Schul- und Studiumsbesuch nachhaltig gefördert. Menschen ohne Schulbildung verfügen in unserer heutigen Welt über ein sehr geringes Denkpotenzial, Menschen mit einer über 10-jährigen Schulbildung erreichen ein für praktisch alle Wissensbereiche optimales Denkpotenzial.

Kommunikationspotenzial

Das Wachstum des Kommunikationspotenzials wird vor allem dadurch begünstigt, dass der Mensch in mehr als einer Sprache kommunizieren kann und auch die Begriffe einer Fachsprache in mehreren Sprachen kennt.

Grundfertigkeiten

Grundwissen und Grundfertigkeiten müssen im rein manuellen als auch im elektronischen Bereich kontinuierlich gefördert werden. Ihre höchste Ausprägung wird durch die Praxiserfahrung und den globalen Einsatz erlangt.

Fachwissen

Ähnliche Erfahrungen werden bei der Entwicklung von Fachwissen und -fertigkeiten verzeichnet. Intensive Zusatztrainings und der anzustrebende Expertenstatus führen zu einer in einem Fachbereich anerkannten Kapazität.

Spezialwissen

Spezialwissen und Spezialfertigkeiten werden letztlich durch den mehrjährigen Einsatz auf einem bestimmten Gebiet erworben und gefestigt.*))*

Ohne permanente Weiterbildung droht Kompetenzverlust

Die Werthaltigkeit des berufstätigen Menschen unterliegt allerdings auch dem Gesetz der Entropie, das heisst, der schleichenden Abnahme der Kompetenzen, wenn keine permanente Weiterbildung praktiziert wird. Einige ausgewählte Berufe führen deutlich vor Augen, wie es in der Zeit zwischen ein und sechs Berufsjahren um das Kompetenzpotenzial bestellt ist. Aus dieser Tabelle ist auch ersichtlich, dass praktisch alle Berufe vom schleichenden Verlust betroffen sind, der letztlich durch die Implementierung neuer Techniken und neuartiger Technologien beeinflusst wird.

Profi-Tipp:

Die Werterhaltung der Kernkompetenzen kann nur durch eine kontinuierliche Weiterbildungspolitik gewährleistet werden. Kontinuierliche Weiterbildung heisst, Aus- und Weiterbildungsprogramme anzunieten und zu besuchen, die den Einzelnen in die Lage versetzen mit den Neuheiten vertraut zu werden und den Anschluss an die nachfolgende Generation nicht zu verlieren.

Neuausrichtung der Kernkompetenzen

Fachkompetenz über alles

Vergleicht man die Anstrengungen der Werterhaltung der Kernkompetenzen zwischen Europa und den USA, wird ein deutlicher Unterschied sichtbar: Die europäische Bildungspolitik zielt auf die Vermittlung von rein implizitem Wissen, das die Fachkompetenz über alles stellt. Logisch, dass dadurch die Werthaltigkeit in den Bereichen der Methoden- und Sozialkompetenz zu kurz kommen.

Die USA praktizieren seit jeher eine viel ausgewogenere Bildungspolitik, in der die Methoden– und Sozialkompetenz bedeutend stärker gewichtet sind.

Praktischen Wert des Wissens verdeutlichen

Dies liegt vor allem daran, dass die Amerikaner selbst bei der Vermittlung von Wissen durch Einflechten von Fallstudien immer wieder den praktischen Wert des Wissens herausstellen und gleichzeitig durch Gruppenarbeiten die wesentlichen Kriterien im Bereich der Sozialkompetenz nachhaltig fördern.

Die Berufsanforderungen in unserer globalen Wirtschaftswelt erfordern ein ausgewogenes Verhältnis zwischen Fach-, Methoden- und Sozialkompetenz. Die Werthaltigkeit der Berufstätigen verlangt auch nach einer elektronischen Dokumentation.

Wichtig:

Der turbulente Wandel unserer Wirtschaft und Gesellschaft ruft geradezu nach einem neuen Aus- und Weiterbildungskatalog zur systematischen Förderung von Fach-, Methoden- und Sozialkompetenz in jedem Beruf.

Systematische Entwicklung der Fach-, Methoden- und Sozialkompetenz Aus dem oben angeführten Kompetenzschema geht hervor, dass die Fachkompetenz durch die Ausprägung der Denk- und Kommunikationspotenziale erheblich mitgeprägt wird.

Denktraining ist angesagt

Die Denkpotenziale resultieren aus dem Quervergleich von Denkstilen, Denkmethoden und der Interessensbreite und Allgemeinbildung. Leider haben die Bildungsträger bis heute relativ wenig für das Denktraining getan.

Profi-Tipp:

Auch wenn bestimmte Denkstile von einem Menschen bevorzugt genutzt werden, kann man das menschliche Hirn in gewissem Umfang trainieren, andere Denkpräferenzen ebenfalls beherrschen zu können. Regelmäßiges Denktraining begünstigt nicht nur die Beschleunigung des Denkprozesses an sich, sondern auch den lateralen Denkprozess bei Entscheidungen.

Mitarbeiterentwicklung mit Hilfe einer HR-Software

Der lange Weg zur Führungskraft

Wer gute Mitarbeiterentwicklung betreiben will, muss dafür auch rechtzeitig planen, einen effizienten Bildungskatalog erstellen und die MitarbeiterInnen konsequent nach den Vorgaben beurteilen und allfällige Defizite unverzüglich durch geeignete Maßnahmen beheben.

Mit COMPRO+® lassen sich die Anforderungsprofile für praktisch alle Berufe erstellen. Diese dienen den einzelnen Berufstätigen als eine Art persönliche Leitplanke und gleichzeitig den Unternehmen und Organisationen als Beurteilungsrundlage für MitarbeiterInnen bzw. BewerberInnen. Durch die klare Gliederung dieser Anforderungsprofile lassen sich Defizite rasch erkennen und können dann mit Hilfe geeigneter Trainingsmaßnahmen ausgewetzt werden.

Kompetenzausweise

Mit der HR-Software verbindet sich auch das Erstellen eines persönlichen Kompetenzausweises, aus dem hervorgeht, welche Aus- und Weiterbildungsmaßnahmen der Berufstätige im Laufe seines beruflichen Einsatzes absolviert hat.

Unabhängig, ob eine Organisation als Profit- oder Non-Profit-Organisation tätig ist, die Erhaltung der Werthaltigkeit der Berufstätigen und damit auch die Erhaltung der Wertschöpfung der Unternehmen zählt zur wichtigsten Aufgabe dieser Sozialträger, welche die neue Fachlichkeit Arbeitspotenzial, Sozialordnung, Familie, Gesundheit und Gleichberechtigung zukunftsorientiert festigen.

Kriterienkatalog zum Erstellen von Berufsprofilen

Denkstile

Im Folgenden sind die wichtigsten Denkstile aus dem Kriterienkatalog aufgeführt:

Persönliche Gewichtung (1-5)	Bezeichnung
____	Logisches Denken
____	Analytisches Denken
____	Kritisches Denken
____	Strukturiertes Denken
____	Mathematisch-exaktes Denken
____	Wissenschaftliches Denken
____	Sequenzielles Denken
____	Kreatives Denken
____	Synthetisches Denken
____	Konzeptionelles Denken
____	Innovatives Denken
____	Künstlerisches Denken
____	Assoziatives Denken
____	Selbstständiges Denken
____	Kontextuelles Denken

Methodisches Denken

Das methodische Denken entspringt der Kombination aus Denkstilen und Erfahrungen, die das Denken in eine bestimmte Richtung begünstigen. Jemand, der zum Beispiel in seiner Arbeit viel mit notdürftigen Menschen zu tun hat, wird automatisch das bedürfnisorientierte Denken stärker praktizieren als etwa das marktorientierte.

Vernetztes Denken

Wichtig: Wer verschiedene Denkstile miteinander verknüpfen kann, erlangt die hohe Stufe des vernetzten Denkens. Aus dem Kriterienkatalog seien die wichtigsten Richtungen des methodischen Denkens wiedergegeben:

Persönliche Gewichtung (1-5)	Bezeichnung
____	Marktorientiertes Denken
____	Gewinnorientiertes Denken
____	Kundenorientiertes Denken
____	Nutzenorientiertes Denken
____	Bedürfnisorientiertes Denken
____	Praktisch-technische Sensibilität
____	Praktisch-technische Intelligenz
____	Wirtschaftliche Sensibilität
____	Wirtschaftliche Intelligenz
____	Ökologische Sensibilität
____	Ganzheitliches Denken
____	Visionäres Denken
____	Vernetztes Denken
____	Flexibles Denken
____	Imagination
____	Laterales Denken

Sozialkompetenz

Denkstile und vernetztes Denken bilden die Grundlage für die Potenziale im Bereich der Sozialkompetenz. Mit etwas gutem Willen können auch diese Disziplinen regelmäßig trainiert werden:

Soziale Sensibilität

Wichtig: Wer im sozialen Bereich tätig ist, weiß wie wichtig die Ausbildung in der sozialen Sensibilität bzw. Intelligenz ist und wie viel Kraft aus der Fähigkeit des emotionalen Denkens entspringt.

Sozialkompetenz

Persönliche Gewichtung (1-5)	Bezeichnung
____	Interessensbreite
____	Sportaktivitäten
____	Kulturelle Bildung
____	Hobbys
____	Praktisch-technisches Interesse
____	Wirtschaftliches Interesse
____	Theoret.-wissenschaftl. Interesse
____	Ästhetisches Interesse
____	Sozial-ethisches Interesse
____	Politisches Interesse
____	Religiöses Interesse
____	Soziale Sensibilität
____	Soziale Intelligenz
____	Emotionales Denken

Persönliche Gewichtung (1-5) Bezeich

Kommunikationspotenziale nicht vernachlässigen

Die Persönlichkeitsaura wird durch eine vernünftige Lebensführung und die Fähigkeit, Kommunikationspotenziale einsetzen zu können geprägt. Im Kriterienkatalog sind diese Kommunikationspotenziale wie folgt gegliedert:

Kommunikationsfähigkeiten

Persönliche Gewichtung (1-5)	Bezeichnung
____	Muttersprache (MS) Deutsch
____	MS Ausdrucksfähigkeit
____	MS Sprachgewandtheit
____	MS Verhandlungssicherheit
____	MS Schriftliche Ausdrucksfähigkeit
____	MS Stilsicherheit
____	MS Kenntnis der Fachsprache
____	1. Fremdsprache (FS)
____	FS1 Verständnis der Fremdsprache
____	FS1 Sprachliche Ausdrucksfähigkeit
____	FS1 Sprachgewandtheit
____	FS1 Verhandlungssicherheit
____	FS1 Schriftliche Ausdrucksfähigkeit
____	FS1 Stilsicherheit
____	FS1 Kenntnis der Fachsprache

Kommunikationsfertigkeiten:

Persönliche Gewichtung (1-5)	Bezeichnung
____	Verständliche Berichterstattung
____	Strategieformulierungsfähigkeit
____	Diplomatie
____	Rhetorik
____	Präsentationsfähigkeit
____	Moderationsfähigkeit
____	Akquisitionsstärke
____	Argumentationsstärke
____	NLP*
____	Verhandlungsgeschick

*) NLP = Neurolinguistische Programmierung

Profi-Tipp:

Die Kommunikationsfertigkeiten lassen sich am besten in der Praxis üben, zum Beispiel in on-the-job Trainings.

Kommunikationsverhalten:

Persönliche Gewichtung (1-5)	Bezeichnung
____	Anpassungsfähigkeit
____	Begeisterungsfähigkeit (aktiv)
____	Beziehungsfähigkeit
____	Dialogfähigkeit
____	Dienstleistungsbereitschaft
____	Direktheit
____	Diskretion
____	Höflichkeit
____	Improvisationsfähigkeit
____	Kommunikationsfähigkeit
____	Konfliktlösungsfähigkeit
___	Konsensbereitschaft
____	Kontaktfreudigkeit
____	Kooperative Kommunikation
____	Überzeugungskraft
____	Wertschätzung

Profi-Tipp:

Das Kommunikationsverhalten wird maßgeblich durch Supervision beeinflusst und durch entsprechende, reflektierte Workshops weitergebildet.

Arbeits- und Führungsverhalten

Neben dem Grund-, Fach- und Spezialwissen und den entsprechenden Fertigkeiten sind im Bereich der Sozialkompetenz vor allem das Arbeits- und Führungsverhalten von ausschlaggebender Bedeutung in der Personalentwicklung. Der Kriterienkatalog umfasst die folgenden Kriterien:

Arbeitsverhalten und Engagement:

Persönliche Gewichtung	Bezeichnung
____	Ausdauer
____	Dienstbereitschaft
____	Durchsetzungsfähigkeit
____	Durchhaltevermögen
____	Dynamik
____	Eigeninitiative
____	Kritikbereitschaft
____	Einsatzbereitschaft
____	Förderungsbereitschaft
____	Gestaltungswille
____	Hilfsbereitschaft
____	Idealismus
____	Identifikationsbereitschaft
____	Innovationsfähigkeit
____	Integrationsfähigkeit

____ Kooperationsbereitschaft

____ Korrektheit

____ Kreativität

____ Leistungsorientierung

____ Mobilitätsbereitschaft

____ Pflichtbewusstsein

____ Pünktlichkeit

____ Solidarität

____ Teamorientierung

____ Verantwortungsübernahme

____ Zielorientierung

____ Zuverlässigkeit

____ Kompromissbereitschaft

____ Problemanalyse

____ Entscheidungsfähigkeit

____ Innovation

Profi-Tipp:

Erfahrungsgemäß sind in jedem Anforderungsprofil etwa drei bis vier Kriterien ausschlaggebend für die Leistungsfähigkeit eine Mitarbeitenden.

Manche Begriffe überschneiden sich in Kombinationen oder erhalten aus einer bestimmten beruflichen Situation eine mehr oder weniger starke Bedeutung.

Führungsverhalten

Persönliche Gewichtung (1-5)	Bezeichnung
____	Begeisterungsfähigkeit (aktiv)
____	Effizienzorientierung
____	Entscheidungsbeständigkeit
____	Ergebnisorientierung
____	Führungsbereitschaft
____	Finanzielle Umsicht
____	Ganzheitl. Strategiefähigkeit
____	Gestaltungsfähigkeit
____	Herausforderungsannahme
____	Imagepflege
____	Initiative
____	Interaktionsfähigkeit
____	Motivierungsfähigkeit
____	Repräsentationsfähigkeit
____	Risikobereitschaft
____	Situative Beurteilungsfähigkeit
____	Toleranz
____	Gesamtverantwortung
____	Budgetverantwortung
____	Gesellschaftl. Verantwortung
____	Mitarbeiterverantwortung

____ Ökonomische Verantwortung

____ Umweltverantwortung

____ Vertrauenswürdigkeit

____ Wahrnehmungsvermögen

____ Zukunftsgestaltung

____ Flexibilität

____ Innovation

____ Coaching

Profi-Tipp:

Führen kann eigentlich nicht in Kursen oder Seminaren gelernt werden. Führen lernt man nur in der Praxis – also im <on-the-job Training>, im <job enlargement> oder <job enrichment>.

Eine bestens qualifizierte Führungskraft braucht auf dem Weg ihrer Entwicklung mindestens vier Jahre, um ein Vorbereitungsprogramm erfolgreich zu beginnen und ebenso erfolgreich abzuschließen.

Literaturhinweise

Hänggi Gerhard, Macht der Kompetenz, 3. Auflage, Datakontext Fachverlag, Frechen

KAPITEL 9

Kompetenz Profiling - Grundlage der zukunftsorientierten Unternehmensführung

Die Wirtschaftsverhältnisse haben sich in den vergangenen 10 Jahren dramatisch verändert und in vielen Branchen verschlechtert. Die in den letzten 40 Jahren so euphorische Unternehmerstimmung, die zahlreichen Ländern den höchsten Wohlstand brachte, ist einer grossen Lethargie gewichen. Mutlosigkeit, Zweifel und Risikoscheu begleiten die Ängste vieler Unternehmer und Führungskräfte genauso wie die der Mitarbeiter. Die Arbeitslosenzahl ist in den letzten Jahren kontinuierlich gewachsen und entwickelt sich in den nächsten Monaten eher noch nach oben als nach unten.

An dieser misslichen Situation ist nicht nur die Politik schuldig. Auch die Unternehmen, die ihre Produktionen zunehmend in sogenannte Billiglohnländer ausgelagert haben oder billigere Arbeitskräfte aus dem nahen Ausland beschäftigen und durch kriminelle Manipulation von Verbrauchs- und Abgaswerten eine ganze Branche ins Abseits stellen, tragen nachhaltig dazu bei, die Situation noch zu verschärfen. Arbeitsplätze können nur in einer Wirtschaftsinfrastruktur geschaffen werden, welche die Wiederansiedlung ehemals ausgelagerten Produktionen fördert. Allerdings müssen den neuen Produktionsstätten zukunftsorientierte Strategien zugrunde gelegt werden. Auch oder gerade in den heutigen wirtschaftlich unsichereren Zeiten, die übrigens noch einige Jahre andauern können, gibt es Mittel und Wege in eine neue prospektive unternehmerische Zukunft. Auf den wichtigsten Handlungsbedarf sei deshalb kurz eingegangen.

Die wichtigsten Aufgaben, die sich jetzt vor allem den mittelständischen Unternehmen im lokalen und globalen Wettbewerb stellen, sind:

- Einsatz von intelligenter Informationstechnologie
- Entwickeln von Kernkompetenzen und Kompetenzprofilen für die Mitarbeitenden
- Einführen der Projektfinanzierung anstelle der Unternehmensfinanzierung
- Erhöhung der Verfügbarkeit von prozesserfahrenen Fach- und Führungskräften
- Allianzen im Werbeverbund mit ortsnahen Partnerunternehmen
- Anpassen der Marketing-Strategie an lokale Gegebenheiten
- Anpassung der Firmenkultur
- Erhalt heimischer Märkte

Einige dieser anstehenden Aufgaben haben zahlreiche mittelständische Unternehmen teilweise oder bereits komplett neu definiert. Viele Unternehmen haben sich jedoch mit diesen existenziellen Fragen noch gar nicht ernsthaft und systematisch auseinandergesetzt. Kein Wunder, wenn dann das „Aus“ schneller als erwartet eintrifft. Ursache dafür war und ist nie die Idee oder die Vision, sondern das Versagen in der systematischen Umsetzung in marktfähige und Nutzen stiftende Produkte und Dienstleistungen.

Turbulenzen verursachen auch der Preiskampf und die Schwarzarbeit. Gerade letztere wirkt sich für den Mittelstand besonders problematisch aus und zwingt zu internem Handlungsbedarf.

Als interne Handlungsfelder müssen z.B. folgende bearbeitet werden:

1. Strategische Positionierung des Leistungspotenzials des Unternehmens
2. Definition einer tragfähigen Mitarbeiterentwicklungs-Politik
3. Festlegen neuer Verantwortungskategorien nach Kompetenzpotenzialen
4. Ausrichten von Marketing und Vertrieb auf die digitalen Bedürfnisse
5. Neubestimmung prozessorientierter Arbeitsabläufe unter Einbezug von Robotertechnologien
6. Entwicklung von innovativen Produkten und Dienstleistungen

Natürlich beeinflussen externe Trends auch die strategischen Herausforderungen des Mittelstandes. Zu schaffen machen insbesondere die folgenden Trendtendenzen:

- Steigende Kundenanforderungen
- Höherer Konkurrenzdruck
- Stärkere Technologisierung
- Veränderte Erwartungen der Anspruchsgruppen
- Neue Wachstumsbereiche

Gerade mittelständische Unternehmen, die in dieser turbulenten Zeit ihre Aktivitäten unter Einbezug ihres „Humankapitals“ weiterentwickelt und entfaltet haben, sind wesentlich besser mit den unwirtlichen Situationen zurechtgekommen oder haben sogar echte Zuwachsraten erzielen können.

Der Human Capital Value wird offensichtlich an der Schwelle unserer Wissens-gesellschaft zum entscheidenden Erfolgsfaktor des Mittelstandes. Er ermittelt sich aus der qualitativen Bemessung von

- Führungskräfte-Potenzial
- Mitarbeiter-Kompetenz
- Beziehungsnetzen
- Kundenqualität

Ein besonderes Augenmerk muss man vermehrt dem Kommunikations- und Leistungsaustausch schenken; denn durch einen effizienten Kommunikations- und Leistungsaustausch sichern sich Unternehmen als auch Mitarbeiter ihre Wertschöpfungsfähigkeit, u. a. durch die Etablierung von lernenden Organisationseinheiten.

Ein optimal ausgelegter Kommunikations- und Leistungsaustausch wirkt sich für das Unternehmen günstig aus in Bezug auf die Wertschöpfung, die Marktleistung und damit indirekt für die Zukunftssicherung.

Verschiedene Untersuchungen haben gezeigt, dass der Kommunikations- und Leistungsaustausch sich in solchen Mitarbeitergruppen deutlich besser gestalten lässt, die für ihre jeweiligen Funktionen über klare Anforderungsprofile und Funktionsbeschreibungen verfügen, aus denen hervorgeht, welche Prozesse die Kommunikation und den Leistungsaustausch nachhaltig fördern und welche Kompetenzpotenziale katalytische Wirkung im Team zeigen..

In den Anforderungsprofilen werden die für eine Funktion relevanten Kompetenzen nach Personalen-, Fach-, Methoden- und Sozialkompetenzen aufgeführt.

Die Funktionsbeschreibungen enthalten die für die optimale Erfüllung der Aufgaben wichtigsten Prozessbeschreibungen mit den dafür notwendigen Kompetenzkriterien.

Für die Mitarbeitenden werden durch die Sicherstellung dieses Kommunikations- und Leistungsaustausches die Sicherheit des Einkommens, die Sicherheit des Arbeitsplatzes und die persönliche Entwicklung stark gefestigt.

Allmählich sollte man auch in den mittelständischen Unternehmen besser zwischen Fachkräften, operationellen und strategischen Führungskräften differenzieren können.

Fachkräfte sind in erster Linie Spezialisten, die für bestimmte ausführende Tätigkeiten und deren einzelnen Prozessen zuständig sind und dafür auch die Ausführungsverantwortung tragen.

Operationelle Führungskräfte sind Fachkräfte mit erweiterter Verantwortung für Prozessketten und die Mitarbeiterführung innerhalb der entsprechenden Organisations-einheiten. Sie übernehmen die Verantwortung für den reibungslosen Ablauf der Prozesse und das optimale Zusammenwirken der involvierten Mitarbeitenden.

Strategische Führungskräfte befassen sich in erster Linie mit der Leistungsausrichtung des Unternehmens am Markt, initiieren den unerlässlichen Innovationsschub, führen die operationelle Führungsebene und vertreten das Unternehmen in verschiedenen Gremien.

Führungskräfte müssen erkennen, dass der Umgang mit den Menschen verstärkt auf der Ebene der sensitiven Wahrnehmung, der sozialen und emotionalen Intelligenz gepflegt werden muss.

Wer erfolgreich führen will, bedient sich der Elemente der Verhaltenssteuerung der Menschen. Er nutzt also den

- **Verstand**, die Rationalität: spricht das Denken in Fakten (Daten, Fakten, Logik) an, appelliert also an die linke Gehirnhälfte.

- **Intuition**, die Spiritualität: fördert das Denken in Visionen, Gespür, Flair, appelliert an geistige Energien, Inspiration und inneres Wissen, mobilisiert also die rechte Hirnhälfte.

- **Gefühle**, die Emotionalität: fördert das Denken in Werten, gefühlsbesetzte Daten, Erfahrungen und Prägungen, appelliert also an das limbische Zwischenhirn.

Jede in der Zukunft erfolgreiche Führungskraft übernimmt also die Aufgabe, dafür zu sorgen, dass sich die Mitarbeiter auf allen Funktionsebenen in einem Klima mentaler Ausgeglichenheit wohl fühlen und in ihrer Leistungserbringung entfalten können.

Die mentale Ausgeglichenheit

begünstigt folgende menschlichen Eigenschaften:

- Dynamik
- Initiative
- Entscheidungsfreude
- Mut
- Motivation
- Finanzielle Umsicht
- psychische Belastbarkeit
- Kreativität

Des Weiteren müssen sich zukunftsorientierte Führungskräfte damit befassen, die Schlüsselkriterien in der Personalen-, Fach-, Methoden- und Sozialkompetenz bei ihren Mitarbeitern zu evaluieren und nachhaltig zu fördern.

Jedes Anforderungsprofil oder Berufsbild setzt sich aus folgenden Kriterienkategorien zusammen:

Personale Kompetenzen	Charaktereigenschaften Handlungsqualitäten Innovationspotenzial Eigenverantwortlichkeit
Fachkompetenzen	Denkpräferenzen Kommunikationsfähigkeiten Grundkenntnisse Fach-/Spezialkenntnisse
Methodenkompetenzen	Denkmethodik Kommunikationstechniken Grundfertigkeiten Fach-/Spezialfertigkeiten
Sozialkompetenzen	Interessenpräferenzen Kommunikationsverhalten Arbeitsverhalten Führungsverhalten

Das Kompetenz-Profil einer operationellen Führungskraft hat z. B. folgenden Zuschnitt:

Stellenprofil am Beispiel eines Abteilungsleiters Vertrieb

Personale Kompetenz

Charaktereigenschaften	Ausprägungsgrad	
	Junior	Senior
Optimismus	4	4
Glaubwürdigkeit	5	5

Handlungsqualität	Ausprägungsgrad	
	Junior	Senior
Durchsetzungsfähigkeit	3	4
Kooperationsfähigkeit	5	5

Innovationspotenzial	Ausprägungsgrad	
	Junior	Senior
Innovationsumsetzung	4	4
Veränderungsbereitschaft	5	5

Eigenverantwortlichkeit	Ausprägungsgrad	
	Junior	Senior
Verantwortungsübernahme	3	5
Entscheidungsbeständigkeit	3	4

Fachkompetenz

Denkpräferenzen	Ausprägungsgrad	
	Junior	Senior
Strukturiertes Denken	3	4
Konzeptionelles Denken	3	5

Kommunikationsfähigkeiten	Ausprägungsgrad	
	Junior	Senior
Ausdrucksfähigkeit	3	4
Verhandlungsfähigkeit	3	5

Grundkenntnisse	Ausprägungsgrad	
	Junior	Senior
EDV-Kenntnisse	3	4
Prozesskenntnisse	3	5

Fach-/Spezialkenntnisse	Ausprägungsgrad	
	Junior	Senior
Finanzkenntnisse	2	4
Planungskenntnisse	3	5

Methodenkompetenz

Denkmethodik	Ausprägungsgrad	
	Junior	Senior
Kundenorientierung	3	5
Marktkenntnisse	3	5
Arbeitsverhalten	**Ausprägungsgrad**	
	Junior	Senior
Veränderungsbereitschaft	4	5
Leistungsbereitschaft	4	5
Kommunikationstechniken	**Ausprägungsgrad**	
	Junior	Senior
Moderationsfähigkeit	2	4
Argumentationsstärke	3	5
Grundfertigkeiten	**Ausprägungsgrad**	
	Junior	Senior
Systematik	3	4
Entscheidungsfähigkeit	2	5
Fach-/Spezialfertigkeiten	**Ausprägungsgrad**	
	Junior	Senior
Qualifikationsfähigkeit	2	4
Verfahrenskenntnisse	3	5

Sozialkompetenz

Interessenpräferenzen	Ausprägungsgrad	
	Junior	Senior
Wirtschaftsinteresse	3	4
Technisches Interesse	3	5

Kommunikationsverhalten	Ausprägungsgrad	
	Junior	Senior
Begeisterungsfähigkeit	4	5
Überzeugungskraft	3	5

Arbeitsverhalten	Ausprägungsgrad	
	Junior	Senior
Leistungsorientierung	4	5
Zielorientierung	3	5

Führungsverhalten	Ausprägungsgrad	
	Junior	Senior
Ergebnisorientierung	3	5
Wahrnehmungsvermögen	3	5

Punktezahl Total	**110**	**151**

Die Gewichtung der einzelnen Kriterien im Sinne des erwarteten Ausprägungsgrades wird mit einer Werteskala zwischen 1 – 5 definiert, wobei 1 = 20%, 2 = 40%, 3 = 60%, 4 = 80% und 5 = 100% bedeuten. Eine Abstufung in der Wertigkeit zeigt sich auch zwischen den Erfahrungsbereichen Junior- und Seniorniveau. Das Juniorniveau umfasst eine 1 – 5 jährige Berufserfahrung, das Seniorniveau sollte nach einer 5 jährigen Berufserfahrung erreicht werden.

Die Führung der mittelständischen Unternehmen muss heute auch akzeptieren, dass sie mit denselben Mitteln und Methoden arbeiten muss wie dies die grossen Unternehmen tun. Zum Glück kann heute ein derartiger Strategiewandel auch mit einer entsprechenden IT-Unterstützung begleitet werden.

KAPITEL 10

Unbedingt das Selbst - Fremdbild überprüfen

Wer seine Arbeit tagtäglich problemlos verrichtet, seine Aufgaben nach seinem Gutdünken prima löst, weiss dennoch nicht, wo er in der Performance-Skala steht. Auch die Feedbacks von Vorgesetzten sind vielfach zu subjektiv. Um sich den beruflichen Erfolg dauerhaft zu sichern, kommt man wohl in der schnelllebigen Wirtschaftswelt nicht darum herum, seine Kompetenzpotenziale periodisch selbst zu überprüfen und durch geeignete Massnahmen zu entwickeln.

Rückmeldungen fliessen spärlich

Der Berufsalltag ist heute derart von Hektik geprägt, dass man kaum damit rechnen darf, dass irgendwelche Rückmeldungen von Chefs oder Arbeitskollegen just in time fliessen könnten. Jeder ist zwar darauf bedacht, seinen Job so gut wie möglich zu machen. Ob er ihn allerdings auch besser machen könnte, bleibt oft unbeantwortet. Feedbacks, wenn sie abgegeben werden, haben aber auch etwas Bedrohliches. Da will einem ein anderer <ans Hemd oder die Bluse>. Oder der Chef erdreistet sich, gewisse Dinge spontan auf den Punkt zu bringen und wird weiter nichts als launisch taxiert. Wer also nicht <anecken> will, der verkneift sich Feedbacks an Kollegen und Chefs und trägt mit seinem passiven Verhalten dazu bei, dass die Leistungsfähigkeit schleichend abnimmt, sich etwa die Lieferungen verzögern, der Service stark kritisiert wird, die Offerten auf sich warten lassen, Reklamationen schon gar nicht mehr behandelt werden.

Unweigerlich geht mit der abnehmenden Leistungsperformance das Unternehmen auf <Sinkflug>. Das Arbeiten macht keinen Spass mehr, Mobbing nimmt zu. Die <Meinungsverschiedenheiten> eskalieren. Im drunter und drüber schlittert das Unternehmen zusehends in grössere Turbulenzen.

Auslöser war der fehlende Feedback und das ausgebliebene Interesse der einzelnen Mitarbeitenden, sich ein Selbstbild zurecht zu legen.

Persönliche Standortbestimmung immer wichtiger

Die enormen Veränderungsprozesse in der Wirtschaft wirken sich auch auf die einzelnen Berufe oder Funktionen aus. In der neusten Organisations- und Führungslehre geht man davon aus, dass ein generisch wachsender Entwicklungsprozess die verschiedenen Schlüsselkompetenzen in den Funktionen kennzeichnet:

- *operationelle Funktionen* (Mitarbeiter ohne Führungsfunktionen) gehen über in
- *operationelle Führungsfunktionen* (Mitarbeiter mit Führungsfunktion auf Ebene Gruppen-, Team-, Abteilungsleiter) und diese wiederum enden als
- *strategische Führungsfunktionen* (Führungskräfte auf Bereichs-, Firmen- und Konzernebene)

Je nach Funktionskategorie gliedert sich das Kompetenz-Portfolio, das sich aus Schlüsselkompetenzen der Kategorien Personale Kompetenz, Fach- und Methodenkompetenz sowie Soziale Kompetenz zusammensetzt.

Mit COMPRO+® die eigene Arbeitsmarktfähigkeit klären

Das <Competence Profiling> mit COMPRO+® gründet auf der wissenschaftlichen Erkenntnis, dass sich alle Schlüsselkompetenzen aus beobachtbaren Prozessen zusammensetzen. Demzufolge wird, gemäss einem bestimmten Anforderungsprofil, ein Katalog mit beschriebenen Prozessen generiert, zu deren Ausprägungsgrad man sich selbst oder durch Dritte einschätzen kann, wodurch mit dem anschliessenden Matching eine sehr objektive Beurteilung erreicht wird.

Bestechend sind die Auswertungsmöglichkeiten, die ein sehr umfassendes Bild der Leistungsperformance liefern. Die Auswertung umfasst:

- Übersicht mit grafischer Darstellung der Kompetenzpotenziale
- Beschreibung der Schlüsselkompetenzen und ihrer Sollwerte
- Darstellung der Benefits (Prozesse, die besser als nötig beherrscht werden)
- Darstellung der Handicaps (Prozesse, die gering, stärker oder stark von den Standardanforderungen abweichen)
- Katalog der Trainingsempfehlungen für schwächer ausgeprägte Prozesse
- Rankingliste von Gruppen oder Teams
- Der persönliche Nutzen liegt darin, dass man seine Kompetenzen (Fähigkeiten, Fertigkeiten und Verhalten) auf der Grundlage eines richtungsweisenden Anforderungsprofils durch eine Selbsteinschätzung überprüfen kann, und aus der Auswertung

gleich noch die Prozesse detailliert aufgelistet erhält, bei denen ein gewisser Trainingsbedarf besteht.

Dadurch erkennt man seine <Arbeitsmarktfähigkeit> im eigenen Berufsumfeld. Dieser Aspekt scheint in den kommenden Jahren immer stärker an Bedeutung zu gewinnen. Wer wissen will, was er wissen und können muss und wo er derzeit steht, prüft dies genauso, wie wenn er sich einem periodischen Gesundheitscheck unterzieht.

360^0 Feedback auf Sachebene

Wir haben eingangs bereits festgestellt, dass es schwierig sei, jemandem Feedback zu geben, ohne dass diese Intervention nicht falsch interpretiert wird. Normalerweise konzentriert man in Unternehmen die Feedbacks auf die jährlich angesetzten Qualifikationsgespräche. Da weiss jedermann, dass es darum geht, zu erfahren, wie gut man seine Arbeit übers Jahr gemacht hat. Obwohl sich diese Art von Gesprächen institutionalisiert hat, wird immer ein Teil des Gesprächs durch Sympathie oder Antipathie gefärbt. Dies vor allem deshalb, weil in der Regel objektive Beurteilungskriterien fehlen oder nicht auf Sachebene formuliert wurden.

Anders verhält sich die Sachlage bei Einsatz von COMPRO+®. In diesem Diagnoseverfahren müssen Mitarbeitende und Vorgesetzte den beobachteten Ausprägungsgrad von Prozesse, die funktions- und aufgabenbezogen formuliert sind, einschätzen. Allein die Tatsache, dass alle Beteiligten denselben Einschätzungskatalog erhalten, trägt die Beurteilung von der persönlichen auf die Sachebene.

Dies ist umso wertvoller, als es ja darum geht, die Mitarbeiteden in geeigneter Weise zu fördern. Bevor man aber über die Fördermassnahmen befinden kann, muss man wissen, welche beobachteten Prozesse gegenüber den Anforderungen mit Handicaps behaftet sind.

Unternehmen, die sogar ihr Qualifikationssystem auf COMPRO+® umstellen, erfahren sehr schnell, dass Mitarbeitende und Vorgesetzte ein ganz anderes <aufeinander zugehen> entwickeln und ihre Leistungskurve erheblich ansteigt. Ganz abgesehen von den persönlichen Vorteilen, zieht auch die Ausbildungsabteilung einen Nutzen aus dem System. Sie weiss, wer wo Handicaps eliminieren muss und kann die geeigneten Programme gezielt konzipieren.

Homogene Leistungsentfaltung nur mit Wertesystem

Unternehmen sind Zweckbündnisse mit dem Fokus, durch wirtschaftliches Handeln Nutzen zu schaffen. Sie lassen sich in Organisationseinheiten mit klar definiertem Leistungsspektrum gliedern. Innerhalb der OE bewegen sich die Mitarbeitenden mit einer ebenso klar definierten Funktion, zu der ein bestimmter Leistungsumfang und gewisse Verantwortlichkeiten zählen. So weit, so gut. Die Strukturen sind geschaffen worden oder haben sich im Laufe der Zeit gebildet.

Was aber nur in den allerseltensten Fällen systematisch konzipiert wurde, sind klar umrissene Anforderungsprofile (nicht zu verwechseln mit Stellenbeschreibungen) für die einzelnen Funktionen. Diese Kompetenzprofile bilden das Wertesystem eines Unternehmens, aus dem sich z.B. das Corporate Behavior und die Effizienz der Leistungserbringung ableiten lassen.

Das nach Anforderungsprofilen generierte Wertesystem ist quasi eine Ablichtung der Kompetenzpotenziale, die das Human Kapital ergeben, mit dem das Unternehmen seine Leistungen nutzenbringend vermarkten kann.

Unternehmen, die über kein Wertesystem verfügen, können ihre Organisation bezüglich der Kompetenzentwicklung nur mangelhaft navigieren und auf Wettbewerbskurs halten. Sie arbeiten mit heterogenen Leistungsstrukturen, die meistens keinen optimalen Leistungsoutput bringen können, weil die Übersicht über die funktionsspezifischen Kompetenzen und deren Wertigkeiten fehlt.

Diese Situation erschwert nicht nur die Rekrutierung neuer Leistungsträger, sie reduziert auch die Möglichkeiten einer konsequenten Weiterbildung. Dies führt letztlich dazu, dass das Unternehmen auf <Schlingerkurs> gerät und sehr schnell mit halber Kraft, aber vollen Kosten im Personalbereich die Segel streichen muss. Die unternehmerische Kompetenz-Navigation ist also ein Muss in der rasanten Zeit des permanenten Wandels.

KAPITEL 11

Performance-Erhalt im Alter durch Nutzung der Kompetenzen

Das ganze Leben ist eine einzige Kette von Lernprozessen in unzähligen Schritten. Lernen ist demzufolge als Prozesskette auch der Schlüssel aller Entwicklungsstadien eines Menschen, der durch seine jeweiligen Rollen und sein je spezifisches Verhalten seine Existenz in den einzelnen Lebensphasen manifestiert und dokumentiert. Die Kompetenzen, die sich ein Mensch im Laufe seines Berufs- und Familienlebens angeeignet hat, bleiben auch im Alter erhalten. Allerdings nur dann, wenn man die Menschen nicht in den sog. <Ruhestand> versetzt – sie also zu Passivität anleitet.

Es liegt in der Natur des Lebens, dass die erste Aktivitätsphase die Schule und die Berufslehre oder das Studium sind. Die zweite Lebensphase gehört der Berufs- und Familienzeit. Der Mensch bezieht seine Handlungsimpulse aus seinem Beruf und der Familie. In der dritten Lebensphase soll mit einem Mal alles aufhören. Das kann und darf nicht sein. In der dritten Lebensphase ist jeder Mensch als Single oder in einer Zweierbeziehung sich selbst und dem Partner bzw. den mittlerweile erwachsenen Kindern und ihren Familien weiterhin verpflichtet.

Er ist gefordert, sich persönlich weiterzubilden, seine Erfahrungen an die junge Generation weiterzugeben, seine Fähigkeiten und Fertigkeiten anderen zur Verfügung zu stellen. Diese Aktivitäten halten jeden Menschen jung - flexibel im Denken und körperlich beweglich.

Wenn Lernen die Grundlage der menschlichen Entwicklung schlechthin ist, dann liegt eine Gesellschaft, die das Lernen über alle Lebensphasen zum wichtigsten Gut macht, deutlich im Vorteil gegenüber all jenen, die das Primat auf andere Mittel legen. Last but not least ist auch die Lebensqualität eine Errungenschaft der Fähigkeit Gelerntes in Gelebtes umwandeln zu können.

Ein Abschnitt aus dem menschlichen Lebenslauf ist für die Erhaltung der sozialen Wohlfahrt und des kollektiven Wohlstandes besonders hervorzuheben – es ist jene Hälfte des menschlichen Lebens, in der eigentlich jeder Mensch die Bühne eines Berufstätiger verlässt, nachdem er seinen Beitrag an die Entwicklung von sozialem Wohlstand und Ausbau der Lebensqualität in der Gesellschaft geleistet hat.

In dieser Situation sehen sich sowohl die staatlichen und privaten Bildungsinstitutionen genauso gefordert, mit einem komplett neuen Bildungskonzept die Interessen der älteren Menschen zu treffen und damit dazu beizutragen, dass sich ältere Menschen in Interessengruppen zusammen finden und in ihrer Freizeit ihre geistigen Fähigkeiten weiter nutzen.

Die Seniorenprogramme als Grundlage zur Erhaltung der menschlichen Wertigkeit werden demzufolge vor ganz andere Aufgaben gestellt, will man den erzielten Wohlstand und die erreichte Lebensqualität im Sozialgefüge von Familie oder Seniorenheimen erhalten und vielleicht sogar noch verstärken. Das Angebot an Seniorenprogrammen ist in manchen Ländern bereits gut ausgebaut, in den meisten Ländern mangelt es aber an solchen Institutionen.

Das Schlimmste, was Menschen passieren kann, wenn sie am Tag X ihren Job aufgeben, ist die Leere, die sie beim Nichtstun überfällt. Ein gleitendes Ausscheiden aus dem Berufsalltag ist sicher eine bessere Lösung, die von zahlreichen Unternehmen angeboten wird. Ein gleitender Übergang aus dem Arbeitsprozess in die private Freiheit könnte auch ein Mittel sein zur Verhinderung von gewissen Demenzarten und Depressionen.

Unser Zeitalter der digitalen und multimedialen Kommunikation über globale Netzwerke erfordert eine total innovative und in der Zukunft tragfähige Bildungspolitik die letztlich der Schlüssel zum richtigen Umgang mit der Flut an Informationen ist.

Diese Bildungspolitik gründet auf der Erkenntnis, dass die Potenzialstruktur der Persönlichkeit aus dem Gleichgewicht zwischen Fach-, Methoden- und Sozialkompetenz besteht.

Die Kompetenzstruktur der Persönlichkeit wiederum setzt sich aus der Summe der einzelnen Kompetenzbereiche zusammen. Die Kernkompetenz scheint im Denk- und Kommunikationspotenzial eines Menschen zu liegen, zu dem sich das Basis-, Fach- und Spezialwissen und -können gliedert.

Die Werthaltigkeit des älteren Menschen unterliegt allerdings auch dem Gesetz der Entropie, d. h. der schleichenden Abnahme der Kompetenzen, wenn keine permanente Weiterbildung praktiziert wird.

Die Werterhaltung der Kernkompetenzen kann nur durch eine kontinuierliche Weiterbildung gewährleistet werden, also Aus- und

Weiterbildungsprogramme zu besuchen, die den Einzelnen in die Lage versetzen mit den Neuheiten vertraut zu werden und den Anschluss an die nachfolgende Generation nicht zu verlieren.

Wer also eine gute persönliche Altersentwicklung betreiben will, muss auch rechtzeitig planen und einen an seinen Interessen orientierten Bildungskatalog erstellen.

Wichtig ist aber auch, dass neben dem Erhalt der geistigen Fähigkeiten auch die körperlichen Fertigkeiten trainiert werden. Gerade im Alter bleiben Körper, Geist und Seele beweglich, wenn man eine ganzheitliche Fitness anstrebt.

Einen Appell an die Kinder wäre, ihre Eltern nicht in die <Isolation> treiben zu lassen, sondern mit ihnen den Kontakt aufrecht zu halten, sie mit Aufgaben zu betrauen und sie damit auch zu einem Teil an ihrem Leben zu partizipieren.

Der Erhalt der Kompetenzen bei älteren Menschen ist ein Muss für alle Gesmeinschaften, ein politisches Programm – aber auch ein familiäres Programm. Kein Mensch ist je zu alt, um nicht gemäss seinen persönlichen Möglichkeiten am Leben interessiert zu bleiben. Der Autor ist überzeugt, dass Menschen in Isolation rascher krank werden, in Depressionen verfallen, Suizid Gedanken nachhängen, ihre physische Beweglichkeit stark einschränken und früher oder später in einer Demenzform landen. Jeder Mensch hat aber auch in der dritten Lebensphase ein Recht auf eine würdige Fortsetzung seines Lebens.

NACHWORT

Der Mensch gilt durch seine Fähigkeit, seine Handlungen als Aktionen oder Reaktionen, durch seine Denkfähigkeit und die im Leben gewonnenen Erfahrungen den jeweiligen Situationen anpassen zu können, als Wesen, das sein Umfeld und die daraus abzuleitenden Situationen rasch wahrnimmt und beeinflussen kann. Doch der Schein und die Theorie trügen: der Mensch ist zeit seines Lebens auf der Suche nach existenzieller Sicherheit, Geborgenheit, gesundheitlichem Wohlergehen und gesellschaftlichem Selbstwertgefühl.

Das menschliche Leben ist ein einziger Balanceakt auf dem Hochseil auf verschiedenen Höhen und über verschiedenen Längen ohne Sicherheit bietendes Auffangnetz. Zahlreiche Studien belegen, dass der Balanceakt jenen Menschen besser gelingt, die bereits im frühkindlichen Familienumfeld altersgerecht zur Lebensfähigkeit heranwachsen konnten.

Weltweit betrachtet ist dies leider immer noch eine Minderheit aller Kinder und Jugendlichen. Weit gefehlt anzunehmen, dass dieser betrübliche Umstand nur in den ärmsten Ländern zutreffend sei. Die „Verwahrlosung“ von Kindern und Jugendlichen in den Ländern mit top gesetztem Wohlstand ist nicht weniger gravierend. Wer von Work Life Balance spricht, muss vorweg erkennen, dass die Balance weltweit erheblich aus dem Lot geraten ist – eine unumstössliche Tatsache, die allen Ländern und Gesellschaften in den kommenden Jahrzehnten enorme Probleme und Kosten verursachen wird, wenn nichts dagegen unternommen wird.

Wirksames Ressourcen-Management - die beste Strategie

Paradox ist die Tatsache, dass der Mensch, dank der exzellenten medizinischen Betreuung, immer älter wird. Im Alterungsprozess verliert er aber immer häufiger die Kontrolle über einen Teil seiner Gehirnfunktonen, weshalb sich eine Vielzahl von Demenzerkrankungen und anderen neurophysiologischen Anomalien bemerkbar machen.

Die Erkenntnis, dass der Mensch an sich ein wahres Kraftpaket, eine Powerstation, ist, verhilft vielleicht am ehesten zur Findung einer Strategie, wie man mit dem Kräftehaushalt oder den Ressourcen am wirksamsten umgehen könnte.

Entwicklung
der physischen, geistigen und mentalen Konstitution

Die Entwicklung von Körper, Geist und Seele zeigt sehr deutlich, dass ohne Präventivstrategie der Mensch bereits im mittleren Alter einen Teil seiner körperlichen Ressourcen verliert. Drastisch wird der Ressourcenverlust der geistigen und mentalen Konstitution bei Menschen ab 70 Jahren, die ihr Gedächtnis nicht regelmässig durch Lesen, Schreiben, Malen, Basteln, Musizieren oder Diskutieren nutzen.

Durch einen frühzeitigen Einsatz geeigneter Massnahmen können die 3 Konstitutionen bis ins hohe Alter um bis zu 30% verbessert werden, was nichts anderes heisst, als dass die Ressourcen selten unter 50% fallen.

Die 3 Konstitutionsarten sind der Schlüssel zu einer ausgeglichenen Work Life Balance, deren Komplexität wie ein grosses Puzzle als lauter Bausteinen besteht, die ineinandergreifend das Ressourcenpotenzial positiv beeinflussen.

Die permanente Arbeit an den in einer bestimmten Lebenssituation notwendigen Kompetenzen ist für ein langes und beschwerdefreies Leben etwas vom Wichtigsten.

Mögen einige Gedanken aus diesem Buch dazu beitragen, dass eine kompetenzorientierte Lebensgestaltung und Lebensführung in die Wirklichkeit umgesetzt werden.

Zeitfracht Medien GmbH
Ferdinand-Jühlke-Straße 7
99095 Erfurt, Deutschland
produktsicherheit@kolibri360.de